Hugh Ridley / Jochen Vogt

Thomas Mann

Wilhelm Fink

Die Autoren:

Prof. Dr. h.c. Hugh M. Ridley, PhD (Cant.), lehrte bis 2006 Deutsche Literatur, Sprache und Kultur am University College Dublin; er ist Mitglied der Royal Irish Academy .

Prof. Dr. Jochen Vogt lehrte bis 2008 Literaturwissenschaft und Literaturdidaktik an der Universität Essen; er ist Adjunct Professor of German Studies an der Duke University, Durham, NC.

Bibliografische Information der Deutschen Nationalbibliothek.

Die Deutsche Nationalbibliothek verzeichnet diese Publikation in der Deutschen Nationalbibliografie; detailliertere bibliografische Daten sind im Internet über http: //dnb.d-nb.de abrufbar.

© 2009 Wilhelm Fink GmbH & Co. Verlags-KG
Wilhelm Fink GmbH & Co. Verlags-KG, Jühenplatz 1–3, 33098 Paderborn
Internet: www.fink.de
ISBN: 978-3-8252-3283-2 (UTB)
ISBN: 978-3-7705-4864-4 (Fink)

Printed in Germany
Satz: Ruhrstadt Medien, Castrop-Rauxel
Layout & Einbandgestaltung: Alexandra Brand auf Grundlage der UTB-Reihengestaltung von Atelier Reichert, Stuttgart
Herstellung: Ferdinand Schöningh GmbH, Paderborn

Inhalt

Für Eda Sagarra
die Freundschafts-Stifterin

Einführung

Von den drei Schriftstellern deutscher Sprache, die im 20. Jahrhundert weltweite Resonanz und dauerhaften Ruhm erlangt haben, ist Thomas Mann (1875-1955) auf den ersten Blick zweifellos der traditionellste. Lebens- und familiengeschichtlich wurzelt er tief im 19. Jahrhundert, seine Romane und Erzählungen scheinen sich mit nur geringer Verspätung in die Tradition des europäischen Realismus und Naturalismus einzureihen. In diesen Werken entwirft er weder ästhetisch so radikale und rätselhafte Gleichnisse der menschlichen Existenz wie sein jüngerer Generationsgenosse Franz Kafka (1883-1924) – noch verbindet er mit seinen literarischen Arbeiten einen (vergleichbar radikalen) Anspruch auf gesellschaftliche Wirkung wie der um mehr als zwanzig Jahre jüngere Bertolt Brecht (1898-1956).

Und dennoch zählt Thomas Mann – gut fünfzig Jahre nach seinem Tod – mit seinen Erzählungen, Romanen und Essays fraglos zum Kernbestand nicht nur der deutschen Literatur, sondern der modernen Weltliteratur. (Die Lyrik und das Drama spielen in seinem Werk so gut wie keine Rolle.) Die nach wie vor lebhafte Beschäftigung der Literaturwissenschaft mit seinem Werk und seiner Biographie, die sich in Symposien und Tagungsbänden, Jahrbüchern und Monographien der offiziösen Thomas Mann-Gesellschaft, in zahlreichen Dissertationen und zahllosen Aufsätzen niederschlägt, ist dafür nicht einmal das wichtigste Anzeichen. Sehr viel erstaunlicher ist gerade in den letzten Jahrzehnten, vor und nach 2000, ein erneuertes, teilweise fast »neugieriges« Publikumsinteresse an einigen seiner Schriften wie auch an seiner Person und zuletzt gar, mit einer geradezu sensationellen medialen Resonanz, an seiner Familiengeschichte.

Vermutlich vollzieht sich (zumindest in Deutschland) erst jetzt die vorbehaltlose und vollständige Aneignung eines Autors, der schon zu Lebzeiten und auf zwei verschiedenen Kontinenten mehrfach wechselnde Phasen der Umstrittenheit und Abwehr wie auch der Repräsentativität und der Kanonisierung erlebt hatte.

Verschiedene Faktoren haben diese Aneignung nun begünstigt: Zunächst die Publikation von Thomas Manns nur teilweise erhaltenen Tagebüchern, die auf Grund seiner Verfügung erst 20 Jahre nach dem Tod beginnen durfte und von 1977 bis 1995 erfolgte. Sie rücken die vielfache Ambivalenz dieser Persönlichkeit ins Licht und zeigen vor allem, wenn auch nicht ganz überraschend, welchen inneren und äußeren Zwängen, welcher »Seelenqual« das monumentale Werk abgerungen ist. Daran schließen seit etwa 1985 mehrere umfangreiche Biographien und anspruchsvolle literaturwissenschaftliche Studien an, die ebenfalls den Zusammenhang von Leben und Werk in den Blick nehmen. Das geschieht aus der Einsicht heraus, dass Thomas Mann während seiner ganzen produktiven Zeit, also von den späten 1880er bis in die 1950er Jahre, seine Werke ganz maßgeblich »aus seinem Leben geschöpft« hat und gleichzeitig, aus einem tiefen inneren Antrieb heraus, seine Lebensführung nach den Maßstäben eines Kunstwerks – als ein »Lebens-Werk« zu gestalten suchte.[1]

Nicht nur für die germanistische Fachwelt ist sodann die Erarbeitung einer repräsentativen, genauer: der *Großen kommentierten Frankfurter Ausgabe* der *Werke, Briefe und Tagebücher* von Thomas Mann bedeutsam. Der erste von 38 Bänden erschien 2002, der Abschluss ist für 2016 geplant. Diese Edition präsentiert die bisher erstaunlich nachlässig und fehlerhaft überlieferten Texte (ein unerwünschter Nebeneffekt des großen Erfolgs mit vielen Auflagen und Nachdrucken!) nun in einer kritisch überprüften Fassung und stellt vor allem durch ihre gründliche Kommentierung eine wahre Schatzkammer unseres Wissens über die einzelnen Werke und ihren Entstehungszusammenhang dar.

Und schließlich war, genau zu Anfang des neuen Jahrtausends, ein ebenso spektakuläres wie in sich ironisches Medienereignis zu vermelden: Der Autor, der im ersten Jahr des 20. Jahrhunderts den »Verfall einer Familie« beschrieb, welche seiner eigenen in vieler Hinsicht ähnelte, und der deutschen Literatur mit diesen *Buddenbrooks* einen ihrer völlig unstrittigen Klassiker schenkte, steht genau hundert Jahre später im Mittelpunkt einer mehrteiligen TV-Familien-Saga, die nicht nur vom SPIEGEL als »Fernsehereignis« des Jahres 2001 gefeiert wird und ein breites öffentliches Interesse auf die (nicht eben unschwierigen) Verhältnisse und Schicksale der Familie Mann lenkt.[2]

Dabei mag durchaus eine Rolle spielen, dass im wiedervereinigten Deutschland das Bedürfnis nach repräsentativen Symbolen und Figuren gewachsen war, es aber an einer einschlägig geeigneten Dynastie nach Art der Windsors oder Kennedys fehlte (nachdem das Haus Hohenzollern sich früh und nachhaltig diskreditiert hatte). Die »verteufelt nette« Familie Mann (so schreibt Thomas in einem Brief von 1895) wies ihrerseits eine hinreichende soziale Prominenz (Großbürger- und Künstlerfamilie), aber auch die nötige Fallhöhe auf (Ausbürgerung und Exil), sie konnte mit ihrem familiären Skandalpotential (Homosexualität, Drogensucht, Selbstmorde u.a.) den Angelsachsen leicht Paroli bieten und hatte ihnen am Ende sogar noch einen Schuss Genialität voraus. Denn dass ihre Prominenz zumindest ursprünglich aus kultureller Leistung erwuchs und sie, oder doch einige ihrer Mitglieder, den berechtigten Anspruch erheben konnten, für ein »anderes«, besseres Deutschland einzustehen, war ihrem Beitrag zu einer »postnationalen« deutschen Identität gewiss nicht abträglich.

Tatsächlich ist der Lebenslauf Thomas Manns selber, der sich von den ersten Jahren des Wilhelminischen Kaiserreichs bis zur »heißesten« Phase des Kalten Krieges erstreckt, in vielfacher Weise charakteristisch für den Übergang vom »langen« 19. Jahrhundert in das darauf folgende der Totalitarismen, der Weltkriege, der deutschen Teilung und der globalen Blockbildung. Und zwar auch deshalb, weil der Schriftsteller, der sich in bester *fin-de-siècle*-Tradition zunächst als »Unpolitischen« verstand, schon durch die Umstände des Ersten Weltkrieges zu politischen Stellungnahmen genötigt war, die über manche Irrungen und Wirrungen hinweg eng mit seinen Erzählwerken verbunden blieben und aus heutiger Sicht auch literarisch einen gewichtigen, eben den essayistischen Teil seines Gesamtwerks ausmachen.

Für den »Literaturproduzenten« Thomas Mann (ein Wort, das er sicherlich verabscheut hätte) bedeutete dies zugleich den Übergang aus der Welt der Bourgeoisie, in der Kunst und Literatur ihren angestammten, wenn auch zunehmend marginalisierten Ort hatten, in die Massen- und Mediengesellschaft des 20. Jahrhunderts, in deren Literaturbetrieb Mann, assistiert von Ehefrau Katia und Tochter Erika, sich freilich mit überraschender, sehr »kaufmännischer« Sicherheit bewegte.

Das spiegelt sich in der abschätzigen Bezeichnung vom »Großschriftsteller«, die sein weniger erfolgreicher, wenn auch gleichrangiger Konkurrent Robert Musil auf ihn münzte. Jahrzehnte hindurch war Thomas Mann nicht unwesentlich mit der Verwaltung seiner literarischen Ressourcen und seines Ruhms befasst, durchaus auch als sein eigener Marketing-Direktor, und hat dabei viele Chancen, aber auch Risiken und Konflikte des modernen Literaturbetriebs erfahren, die durch die politischen Verwerfungen seiner Zeit – insbesondere durch Ausbürgerung und Exil, den Verlust des deutschen Stammpublikums sowie die Existenzprobleme »seines« jüdischen Verlegers Samuel Fischer und seines Nachfolgers nach 1933 noch verschärft wurden.

Das war, jenseits ökonomischer Erwägungen, auch deshalb ein besonderes Problem, weil Mann sich zuerst und mit gutem Recht als Autor seines Lesepublikums sah – und tatsächlich auch viel weniger als etwa Kafka (oder auch Brecht) ein Autor für andere Autoren war. Nur wenige

Schriftsteller, und unter ihnen kaum ein herausragender, beziehen sich auf Thomas Mann als Anreger oder gar als Vorbild. Hingegen hat er sich ganz offensichtlich immer wieder als Zielscheibe für Kritik angeboten, die fast nie ganz unbegründet war, in den allermeisten Fällen jedoch übertrieben und oft genug hämisch ausfiel.

Blicken wir noch einmal auf sein Werk, das literarhistorisch die Brücke vom epischen Realismus des späten 19. Jahrhunderts zur klassischen Moderne der 1920er Jahre und weiter zur Spätmoderne um 1950 schlägt, so ergeben sich zwei interessante, möglicherweise sogar komplementäre Perspektiven. Der scheinbar traditionalistische Erzähler kann – vielleicht sogar: erst heute – unser Leseinteresse beanspruchen, weil er seine »Erzählung« zum Medium des kollektiven und kulturellen Gedächtnisses werden lässt, weil sie vergangene Lebensformen und Mentalitäten, Traditionen und Erfahrungen aufbewahrt und durch ihre Perspektive für uns bequem zugänglich macht. Und das gilt eben nicht nur – auch wenn es dort besonders offen zu Tage tritt – für jenes erzählte Familiengedächtnis, das er mit dem Titel *Buddenbrooks* versah, sondern für viele andere Texte. (Auch der Erfolg des erwähnten TV-»Doku-Dramas« *Die Manns – ein Jahrhundertroman* verdankt sich – gewissermaßen parasitär – diesem, nun fernsehgerecht adaptierten und aktualisierten Modell.)

Andererseits ist die (oft genug nur scheinbar) konventionelle Oberfläche der Texte auch eine Hülle für die »sehr ernsten Späße«, die der Dichter so sehr liebte – Erzählspäße, die man von heute aus »modern«, wenn nicht gar »postmodern« und »avantgardistisch« nennen darf, und die eine aktuelle Literaturwissenschaft mit besonderem Interesse und Vergnügen freizulegen sucht.[3] Solche Perspektiven wollen auch wir auf den folgenden Seiten, nach Maßgabe des knappen Raumes, verfolgen.

Literatur

Thomas Mann: Gesammelte Werke in dreizehn Bänden, Frankfurt/M. 1974. [Soweit möglich werden Zitate von Thomas Mann mit Band- und Seitenzahl dieser Ausgabe nachgewiesen.]

Thomas Mann: Große kommentierte Frankfurter Ausgabe. Hrsg. v. Heinrich Detering u.a. Bisher 9 von 38 Bänden, Frankfurt/M. 2002ff. [Einige Zitate werden nach dem Band Essays II, 1914-1926, hrsg. v. Hermann Kurzke, mit dem Kürzel EII und der Seitenzahl nachgewiesen.]

Thomas Mann: Tagebücher. Hrsg. v. Peter de Mendelssohn u. Inge Jens, 10 Bde. Frankfurt/M. 1977-1995. [Zitate werden mit dem Datum der Niederschrift nachgewiesen.]

Thomas-Mann-Handbuch. Hrsg. v. Helmut Koopmann, 3. Aufl. Stuttgart 2005.
www.thomasmann.de [Internetportal des S. Fischer Verlags]

Thomas Mann im Profil

Das »Lebenswerk«: Nicht nur Biographisches

Wenn wir der Darstellung von Thomas Manns Werken hier einen Abschnitt über seine Biographie, also sein »Leben« voranstellen, so ist das mehr als ein konventioneller Gliederungspunkt. Denn gerade für diesen Autor ist, wie schon angedeutet, eine besonders enge, aber keineswegs eindeutige Verschränkung von »Leben« und »Werk« charakteristisch. Auch dies unterscheidet ihn auf markante Weise von seinem großen Zeitgenossen Kafka. Dessen Lebensgeschichte, so könnte man sagen, fügt den Rätseln seiner Texte noch einige weitere hinzu – nicht zuletzt die Frage nach ihrem Verhältnis zueinander. Bei Mann steht ein enges Wechselverhältnis ganz außer Frage, wurde von ihm selbst auch früh wahrgenommen und betont (so in seiner Vorliebe für das Kompositum »Lebenswerk«), ist aber oftmals so kompliziert, dass es mit einem Begriff wie »Widerspiegelung« völlig unzureichend benannt wäre. Man muss vielmehr von der Annahme ausgehen, »dass Leben und Werk bei Thomas Mann als gelebtes Leben und als Entwurf eines idealen Dichter-Lebens wechselseitig zu deuten sind. Der innere Zusammenhang von Werk und Leben reproduziert sich im Wechselbezug zwischen fiktionalem, autobiographischem und essayistischem Text und er bestimmt zugleich die Entwicklung des fiktionalen Werks selbst.«[4] Inhaltlich konkretisiert und rhetorisch zugespitzt, inzwischen aber weithin zustimmungsfähig ist in dieser Hinsicht die These der neueren Forschung, welche die »Furcht vor der Heimsuchung«, oder wie Mann selbst schreibt, vor dem »heulende(n) Triumph der unterdrückten Triebwelt« (XIII, 136) als »das zentrale Motiv« versteht – und zwar im psychologischen wie im literarischen Sinne –, »das seinem Leben und Werk diese beeindruckende Konstanz gibt«.[5]

Methodisch ergibt sich daraus, dass es nicht nur zulässig, sondern sogar geboten ist, zum besseren Verständnis des Werkes lebensgeschichtliche Fakten heranzuziehen – und gegenläufig die literarischen Schriften auch als biographische Quellen zu nutzen: also ein Verfahren anzuwen-

den, das in der modernen Literaturwissenschaft üblicherweise mit Miss-
trauen betrachtet wird und als altmodisch gilt. Und natürlich muss dies
Wechselspiel vorsichtig, undogmatisch und reflektiert gehandhabt werden, so wie es beispielhaft etwa in Hermann Kurzkes Biographie mit dem
bezeichnenden Untertitel *Das Leben als Kunstwerk* geschieht, dem mit
Abstand kundigsten, souveränsten und lehrreichsten Buch, das man über
Thomas Manns Leben und Werk lesen kann.

Wir müssen uns hier allerdings mit knappen Hinweisen begnügen und
halten uns deshalb zunächst an die standesamtlich verbürgten Tatsachen:
Paul Thomas Mann ist am 6. Juni 1875 als zweiter Sohn des Getreidehänd-
lers Thomas Johann Heinrich Mann und dessen in Brasilien aufgewach-
sener Ehefrau Julia, geb. da Silva-Bruhns, in der ehemals Freien und Hansestadt Lübeck geboren, die erst mit der Reichsgründung 1871 zu Preußen
gekommen war. Wenige Tage später wird er in der Marienkirche protes-
tantisch getauft. Die Familie gehört zur tonangebenden und Macht ausü-
benden Oberschicht; der Vater ist Honorarkonsul der Niederlande, wird
1877 zum Senator gewählt; ab 1885 ist er für Handel, Schifffahrt und
Steuern der Hansestadt verantwortlich. Sein Sohn Thomas besucht, wie
der ältere Bruder Luiz Heinrich (*1871) eine Privatschule, ab 1889 das
Gymnasium Katharineum, das er »verabscheut« und nach zweimaligem
Sitzenbleiben so bald wie möglich, also ohne Abitur verlässt, um wie sein
Bruder fast ohne Umwege eine literarische Laufbahn anzustreben.

Nach dem frühen Tod des Senators im Jahr 1891 und der von ihm
verfügten Auflösung der Firma Mann zieht seine Witwe mit den Töch-
tern Julia (*1877) und Carla (*1881) sowie dem Nachkömmling Viktor
(*1890) nach München, um dort ihre geselligen und kulturellen Nei-
gungen zu pflegen. Wie sie selbst ist auch Thomas Mann gut versorgt
und somit von den materiellen Härten der freien Schriftstellerei ver-
schont. Zur lockeren Münchner Kunstszene, der so genannten Bohème,
findet er schnell Kontakt, ohne völlig in ihr auf- oder gar unterzugehen
wie manch anderer. Erste Erfolge mit kürzeren Erzählungen, die ab 1894
in führenden Zeitschriften gedruckt werden, und dem ersten Roman
Buddenbrooks (1901) stehen in dieser Zeit neben persönlichen Unsicher-
heiten, Krisen und Konflikten, die besonders dem »späten Durchbrechen
der Sexualität« in der »Zeit um mein zwanzigstes Jahr« (XI,111) geschul-
det sind. Genauer ist damit die zunehmend massive Erfahrung seiner
homoerotischen Triebwünsche gemeint, die er jedoch nicht ausleben
kann und will, sondern (in der Kunst) zu sublimieren und (in der Ehe)
so zu domestizieren sucht, dass ein bürgerlich-arbeitsames und erfolg-
reiches künstlerisches Schaffen gesichert sein würde.

Diesem Ziel diente auch die sehr strategisch betriebene Werbung um die Hand der zunächst widerstrebenden, erst 19 Jahre alten Katia Pringsheim aus einer gesellschaftlich hoch angesehenen, jüdisch-liberalen Multimillionärsfamilie. Die Eheschließung markiert 1905 einen deutlichen Aufstieg (oder Wiederaufstieg) des jungen Künstlers in der sozialen Hierarchie und zugleich den Eintritt in das tonangebende Kulturmilieu. Die Ehe mit Katia und die schnell wachsende Familie mit den Kindern Erika (*1905), Klaus (*1906), Golo (*1909), Monika (*1910), Elisabeth (*1918) und Michael (*1919) bilden dann lebenslang den sozialen Rahmen seiner Schriftstellerexistenz.

Es ist auf den ersten Blick ersichtlich, wie viele Themen, Figuren, Orte seine Werke der eigenen Kindheit und Jugendzeit, den kontrastiven Milieus von Lübeck und München verdanken – nicht nur im ersten großen Erfolgsroman, der die Hansestadt unsterblich gemacht hat, sondern auch in den frühen Erzählungen, wie etwa *Tonio Kröger*, die dessen Szenarien und Motive vielfältig variieren. Ähnliches gilt für die ersten Münchner Jahre in finanzieller und familiärer Ungebundenheit, als der Fünfundzwanzigjährige seinen Wehrdienst mit Hilfe eines gütigen Oberstabsarztes verkürzen kann, die Literatur- und Kunstszene kennen lernt und in ungestillter Liebe zu dem jungen Maler und Partyhelden Paul Ehrenfeld entbrennt, aber auch vom Selbstmord seiner Lieblingsschwester Carla erschüttert ist, die einer sexuellen Erpressung zum Opfer fällt (all dies sind Episoden, die vierzig Jahre später und kaum verhüllt in Manns großem Altersroman wieder auftauchen werden).

Oft ist Thomas auf Reisen, auch gemeinsam mit Bruder Heinrich. Im Jahr 1897 in Italien arbeiten beide in einer gemeinsamen Wohnung in Rom an den Romanen *Im Schlaraffenland* (1900) und *Buddenbrooks* (1901). Das Verhältnis zum »großen Bruder« bleibt lebenslang eng: vertraut und misstrauisch zugleich; er war und ist Vorbild und Konkurrent, mit wechselnden Erfolgsvorteilen auf beiden Seiten bis in die 1930er Jahre hinein, dann neigt sich die Waage endgültig zugunsten von Thomas. Heinrich dient ihm darüber hinaus als Feindbild und Hassobjekt: anfänglich im Politischen, stets aber auch in Fragen der Lebensführung, insbesondere in seinem unkompliziert »leichtlebigen« Umgang mit der Sexualität.

Ein scharfer, durch politische Divergenzen ausgelöster Bruch zwischen den Brüdern und der lange Weg zur Versöhnung dominieren den nächsten Lebensabschnitt. Auf den Kriegsbeginn 1914 hatte Thomas Mann mit verschiedenen Aufsätzen reagiert, die seine fast schrankenlose Unterstützung des »deutschen« Krieges deutlich machten und bittere

Kontroversen auslösten. Sie füllen mehrere Jahre, die Mann wohl lieber seinem nächsten großen Romanprojekt gewidmet hätte. Auf Angriffe reagiert er gereizt und aggressiv, vermutlich weniger aus Überzeugung als aus verletztem Stolz. Mit den (allzu) langen *Betrachtungen eines Unpolitischen* (1919), einer streckenweise faszinierenden, aber doch sehr trüben Mischung aus Geistesgeschichte, Polemik und rhetorisch drapierten »Bekenntnissen«, wird Mann zu einem frühen Vertreter der so genannten »Konservativen Revolution«, durchaus mit jenem Moeller van den Bruck zu vergleichen, der den Nazis den Begriff vom »Dritten Reich« lieferte, mit dem auch Mann gelegentlich spielt. Er selbst vollzieht aber nicht erst 1933, sondern bereits 1922 – nach einer Phase der Desorientierung, die 1918/19 sogar ein Liebäugeln mit der proletarisches Revolution einschließt – eine klare und dauerhafte Wendung, nachdem die Ermordung der bürgerlichen Minister Erzberger und Rathenau durch rechtsradikale Terroristen auf fatale Weise gezeigt hatte, wohin ungebremster Nationalchauvinismus führte.

In seiner Rede zum 60. Geburtstag Gerhart Hauptmanns, einst Wortführer des Naturalismus, jetzt eine demokratische Identifikationsfigur, brach Mann mit seiner Ablehnung der Weimarer Republik und erklärte die Demokratie zum Element deutscher Kulturtradition, gar der deutschen Romantik. Dabei war gewiss der demonstrative Akt, mit dem er sich in den Dienst der Republik stellte, wichtiger als die Stimmigkeit der geistesgeschichtlichen Ableitung.

Insofern war auch eine rein literarische Rezeption von Manns zweitem großen und sofort sehr erfolgreichen Roman *Der Zauberberg* (1924) kaum noch möglich: Sein Verfasser war Repräsentant der Republik geworden, ein Kulturpolitiker, der seine publizistische und politische Tätigkeit konsequenterweise stärker nach Berlin verlagerte, wo er im PEN-Club und der 1926 gegründeten Sektion Literatur der Preußischen Akademie der Künste aktiv ist, welcher sein älterer Bruder ab 1931 präsidiert. Der Nobelpreis für Literatur bedeutet 1929 den Schritt zum Weltruhm und stärkt noch einmal die Hoffnung im Kampf gegen Hitler, während sich das Ehrendoktorat der Universität Bonn 1919 noch konservativem Lobbyismus verdankte.

Der Bruderzwist war im Zuge der politischen Annäherung und durch Vermittlung der Mutter inzwischen beigelegt; sie stirbt jedoch schon 1921. Im Jahr 1927 setzt die Schwester Julia nach schweren Ehekonflikten ihrem Leben ein Ende. Die beiden ältesten Kinder, Erika und Klaus Mann, haben sich inzwischen – vom väterlichen »Zauberer« teils wohlwollend, teils misstrauisch beäugt, als *enfants terribles* der »Goldenen

Zwanziger« und künstlerische Abenteurer ihren eigenen Namen gemacht, können sich auf Dauer aber nicht aus seinem Bannkreis lösen. Rückblickend beschreibt Thomas Mann diesen Lebensabschnitt gern als Annäherung an den demokratischen Sozialismus; man darf ihn aber auch als überfällige Korrektur seiner nationalkonservativen Haltung und seiner Fehleinschätzung präfaschistischer Positionen sehen, welche für die großbürgerlich-liberale Intelligenz der Zwischenkriegszeit nicht untypisch war.

Während Heinrich Mann, prominenter Lieblingsfeind der Nazis, im Februar 1933 Deutschland fluchtartig verlässt und auch Erika und Klaus sehr bald emigrieren, brechen Thomas und Katia Mann am 11. Februar zu einer Routine-Vortragsreise nach Holland und Frankreich auf. Eine Woche später brennt der Reichstag in Berlin; Thomas Mann wird (wie sein Bruder) nicht mehr dauerhaft nach Deutschland zurückkehren. Er zögert aber auch eine klare Stellungnahme gegen die Nationalsozialisten hinaus. So sehr er sich zuletzt für die Republik engagiert hatte – es schien manchen Beobachtern nicht völlig ausgeschlossen, dass er in Nazideutschland bleiben könnte. Immerhin konnte nach dem ersten (Oktober 1933) auch der zweite Band seiner *Joseph*-Romane im April 1934 noch in Berlin erscheinen. Erst das Publikationsverbot, der Verlust des Hauses in München und des gesamten Inlandvermögens, die Aberkennung der Staatsbürgerschaft 1936 (vom Gestapo-Chef Reinhard Heydrich persönlich forciert) – und schließlich, als symbolischer Tropfen im Fass der Erniedrigung, die Aberkennung des Ehrendoktorats durch die Universität Bonn, treiben ihn zu mehreren scharfen und unmissverständlichen Absagen an das nationalsozialistische Deutschland. Die Familie richtet sich in Küsnacht bei Zürich ein; 1936 nimmt Thomas Mann die Staatsbürgerschaft der Tschechoslowakischen Republik an. Sein Werk wird unter manchen Schwierigkeiten im Exilverlag von Gottfried Bermann Fischer in Wien, später in Stockholm weiter betreut. Drei Reisen in die USA, wo Übersetzungen seiner Werke inzwischen ein breites Publikum finden, bereiten eine Übersiedlung vor. Nach der Ankunft im September 1938 fällt dann auch die vielzitierte Bemerkung, mit ihm sei das bessere, das kulturelle Deutschland in New York an Land gegangen.

In den USA hatte Thomas Mann wichtige Fürsprecher und Förderer: seinen Verleger Alfred A. Knopf, den Germanisten Hermann J. Weigand, der eine erste große Analyse des *Zauberberg* publizierte, weiterhin die reiche Verlegersgattin Agnes E. Meyer als unverzichtbare, wenn auch oftmals lästige Mäzenin der amerikanischen Jahre, und nicht zuletzt das Ehepaar Roosevelt im Weißen Haus. Sie sorgten für Ehrenämter an der

Princeton University, wo er zunächst Wohnsitz nahm, und der Library of Congress in Washington, die das materielle Risiko abfederten und kaum Pflichten mit sich brachten. 1941 erfolgt der Umzug nach Los Angeles, ab 1942 lebt die Familie in einem eigenen Haus in Pacific Palisades, 1550 San Remo Drive. Die Filmmetropole war auch ein Sammelpunkt deutscher Emigranten, zu denen die Manns Kontakt pflegten – teils intensiv und aus alter Verbundenheit: mit Lion und Marta Feuchtwanger, dem Dirigenten Bruno Walter, dem Schriftsteller Bruno Frank, mit Franz und Alma Werfel, eher notgedrungen mit Bruder Heinrich und seiner als peinlich empfundenen Frau Nelly, aus Nachbarschaft mit Max Horkheimer, bei Bedarf mit Theodor W. Adorno und ziemlich widerwillig mit Bert Brecht. Zu den Bekannten, die man in geselligem Rahmen traf, gehörten aber auch Charlie Chaplin oder der »dicke Producer Hitschcock mit seiner blonden Frau« (20. VIII. 41).

Im Vordergrund steht in der amerikanischen Zeit die Vollendung des vierbändig angelegten Romanprojekts *Joseph und seine Brüder* und ab 1943 die Arbeit am *Doktor Faustus,* seinem literarisch-politischen Vermächtnis. Das erfordert die Sicherung der komfortabel großbürgerlichen Arbeitsbedingungen, an die der »Zauberer«, wie ihn die Familie gern nannte, seit Jahrzehnten gewöhnt – und für die Ehefrau Katia, als Leiterin eines erfolgreichen kleinen Familienunternehmens, verantwortlich ist. Manns protestantisches Arbeitsethos und sein rituell geregelter, ganz der Produktion untergeordneter Arbeitsalltag sind bekannt; dass er auch sein Ehe- und Familienleben dafür instrumentalisiert und etwaige Störungen, wie den Selbstmord des begabten, aber unsteten Sohnes Klaus im Jahr 1949, oder die ärmliche Altersexistenz des Bruders Heinrich, recht rigoros abwehrt, kann kaum überraschen.

Bei der *Joseph*-Tetralogie wie schon beim *Zauberberg* lässt sich nun aber eine deutliche Verschiebung der Arbeitsweise beobachten. Auch wenn nach wie vor biographische Anlässe und Details verwendet und »eingearbeitet« werden, auch aus dem Familienleben und ohne Rücksicht auf Nahestehende, so betreibt der Autor nun doch ausgedehnte Quellenstudien, oftmals geradezu wissenschaftlichen Charakters, und legt umfangreiche Dossiers mit Notizen, Exzerpten und Bildvorlagen für seine jeweiligen Projekte an. Das literarisch-historische Material überlagert nun mehr und mehr den »Lebensstoff«.

Zugleich ist Thomas Mann, vor allem in den frühen Jahren in USA, auch ein Teil des ambulanten »modernen Starbetriebs«[6] und insofern *der* Sonderfall unter den deutschen Literaturemigranten. Die ausgedehnten *lecture tours* führen ihn aber nicht nur nach Washington, New York oder

Boston, sondern auch nach Dubuque in Wisconsin und Tulsa in Oklahoma, wo er seine sehr deutschen Essays einem erstaunlich großen, teils jubelnden, teils befremdeten Publikum vorträgt. Sie sind einkalkulierte Faktoren des Familienbudgets und zugleich Ausdruck seines kulturellen und politischen Sendungsbewusstseins. Er präsentiert sich dabei in dreifacher Rolle: als Parteigänger des Präsidenten Roosevelt (den er als eine Art aufgeklärten Monarchen verehrt), als Repräsentant eines besseren Deutschland und als Racheengel des Hitlerstaats, dessen Untaten er genau verfolgt: »Der Untergang des Regimes unter schwerer Heimsuchung des schuldigen Landes ist im Grunde alles, was ich wünsche.« (19. IX. 39) Prophetische Sätze, die freilich – wie viele der Radioansprachen, die er seit 1940 mit Hilfe der BBC an »Deutsche Hörer« richtete – eine spätere Versöhnung mit »den Deutschen« schwer vorstellbar machen.

Anfang 1945 hatten Katia und Thomas Mann die Staatsbürgerschaft der Vereinigten Staaten angenommen; das war, von praktischen Vorteilen abgesehen, auch eine politische Manifestation. Eine erste Europareise 1947 nach London, Zürich und Amsterdam diente nach einer schweren gesundheitlichen Krise vor allem dem Marketing des *Faustus*-Romans, den Mann als seine Generalabrechnung mit den Nazis und einer deutschen Tradition ansah, die ihnen vorgearbeitet hatte. Eine Rückkehr nach Deutschland schloss der Exilant kategorisch aus.

Erst die Verleihung des Goethepreises der Stadt Frankfurt (selbst nicht ohne politisches Kalkül zu Stande gekommen) lässt ihn 1949 schwankend werden, zumal Erika, inzwischen seine wichtigste Beraterin, ihn zur Reise drängt. In Frankfurt am Main und in Weimar – also in der amerikanischen und sowjetischen Besatzungszone – präsentiert er sich, während die Gründung der beiden Teilstaaten im Eiltempo vollzogen wird, als überparteilicher deutscher Kulturgarant (ironischer Weise mit einer Zitatvariation des Kaisers Wilhelm II.): »Ich kenne keine Zonen. Mein Besuch gilt Deutschland selbst, Deutschland als Ganzem, und keinem Besatzungsgebiet.« (XI, 488) Im Westen gab es freilich auch öffentliche Anwürfe, sowohl aus Kreisen der so genannten Inneren Emigration wie auch aus der jungen Heimkehrergeneration, und sogar einzelne Attentatsdrohungen gegen den »Vaterlandsverräter«.[7]

Es ist also nicht die Anziehungskraft des »alten Vaterlandes«, sondern steigendes Unbehagen an der innenpolitischen Entwicklung in den USA, genauer an dem vom Senator Joseph McCarthy und seinem Senats-Ausschuss zur Untersuchung von »Unamerican Activities« geschürten »hysterischen, irrationalen und blinden Kommunistenhaß« (XI, 798). Dass die von McCarthy inszenierte »Verfolgungswut« im Umkreis der Filmindustrie besonders wütete und selbst eine Randfigur wie Bertolt Brecht zur fluchtartigen Abreise nach Europa trieb, ist allgemein bekannt. Auch Thomas Mann, der sich ja hin und wieder wohlwollend über den Sozialismus im allgemeinen und gar über Stalin persönlich geäußert hatte, erlebte nun öffentliche Anschuldigungen als »Kommunist« oder »Kommunistenfreund« und fürchtete eine öffentliche Vernehmung. Man muss aber auch eine nostalgische (er selbst sagt sogar »irrationale«) Sehnsucht nach Europa annehmen, die sich aus dem mehrfach ausgesprochenem Gefühl speiste, sein Lebenswerk nach Abschluss des *Doktor Faustus* vollendet zu haben: »Das Eigentliche ist, dass ich dort sterben möchte und nicht hier.« (4. VII. 41)

Seine letzten Lebensjahre, ab Ende 1952, verbringt Thomas Mann nun also in der Schweiz, wo die Familie sich 1954 in Kilchberg bei Zürich niederlässt. Trotz fortdauernder Klagen über Erschöpfung und stockende Kreativität werden nach dem Roman *Der Erwählte* (1951) im Jahr 1954 auch die *Bekenntnisse des Hochstaplers Felix Krull*, ein Jugendprojekt (!) abgeschlossen (1954) und vom Publikum enthusiastisch aufgenommen. Das letzte Lebensjahr bringt eine Fülle von Ehrungen, insbesondere zum 80. Geburtstag am 6. Juni 1955, kurz davor die Reden zum 150. Todestag Friedrich Schillers, wiederum wortgleich in West- und Ostdeutschland. Erst jetzt hatte der »Zauberer« sich, im besten Sinne des Wortes, ausgeschrieben. Eine Sommerreise nach Holland muss im Juli wegen einer Lungenentzündung abgebrochen werden; im Kantonsspital in Zürich verstirbt Thomas Mann an Kreislaufversagen, am Abend des 12. August friedlich im Schlaf, und wird später auf dem Friedhof in Kilchberg beigesetzt.

Die Fülle der Ehrungen aus Europa und Amerika, aus Ost- und Westdeutschland, die ihn in seinen letzten Lebensjahren überschütteten, hat Thomas Mann, nach allem was wir wissen, als wohlverdient empfunden und nachdrücklich genossen. In der Grabrede eines Freundes wird die »unerhörte Vollendung« beschworen, die »diesem Leben zuteil geworden« sei. Das ist die eine Wahrheit. Die andere kann man aus seinen Texten herauslesen, nicht nur aus seinen Tagebüchern, deren Lesern er nach einer Sperrfrist von 20 Jahren »heitere Entdeckungen« (13.10.50) in Aussicht stellte; wobei es wiederum und zentral um seinen lebenslangen Kampf gegen die sexuelle Heimsuchung geht.

Dass es für ihn selbst so heiter nicht war und im Alter kaum leichter wurde, liegt auf der Hand. »Habe schlecht und recht standgehalten«, heißt es am 4. August 1949, nach dem anstrengenden Deutschland-Besuch, im Tagebuch – aber man darf das auch grundsätzlicher verstehen.

Die Werke, die Thomas Manns Weltruhm begründet haben, sind erkauft mit (Liebes-)Verzicht und selbstquälerischem Leid, mit den Schmerzen der kleinen Seejungfrau – und zu ertragen nur in der Haltung und Disziplin des standhaften Zinnsoldaten, um zwei seiner Lieblingsmärchen aus der Feder von Hans Christian Andersen zu zitieren.[8] Oder aus der anderen Blickrichtung: Diese bei allem äußeren Wohlergehen verquälte Existenz war nur erträglich, indem sie in »Märchen« umgesetzt wurde. Der Teufelspakt, den sein Doktor Faust im Roman schließt, hat ein lebensgeschichtliches Pendant bei ihm selber. Die »Kunst ist keine Macht. Sie ist nur ein Trost« (X, 399) sagt er 1952 in einem Vortrag für BBC. Und aus dem allerletzten Lebensjahr, als es um deutsche Vermögenswerte der Familie geht, ist die Bemerkung überliefert: »Wir sind sehr reich und müssen hohe Steuern zahlen.«[9] Das wären ganz schlechte Leserinnen und Leser Thomas Manns, die dabei nur ans Finanzamt dächten.

Literatur

Bürgin, Hans und Hans-Otto Mayer: Thomas Mann. Eine Chronik seines Lebens, Frankfurt a. M. 1965.

Harpprecht, Klaus: Thomas Mann. Eine Biographie, Frankfurt a.M. 1995.

Heine, Gert und Paul Schommer: Thomas Mann-Chronik, Frankfurt a.M. 2004.

Kurzke, Hermann: Thomas Mann. Das Leben als Kunstwerk, München 1999.

Mayer, Hans: Thomas Mann, Frankfurt a.M. 1980.

Reed, Terence J.: Thomas Mann. The Uses of Tradition, Oxford 1974.

Wysling, Hans und Yvonne Schmidlin (Hrsg.): Thomas Mann. Ein Leben in Bildern, Zürich 1994.

Niedergang einer Familie, Aufstieg eines Autors

Der Erfolg kam überraschend, aber doch nicht ganz unerwartet. Der junge Autor hatte ja schon mit einigen Erzählungen ein gewisses Interesse erregt, so dass der Verleger Samuel Fischer nun auch einen Roman riskieren wollte und ihn beim jungen Autor bestellt: »wenn er auch nicht so lang ist«. Tatsächlich war das Werk dann so umfangreich, dass es im Herbst 1901 zunächst in zwei Bänden gedruckt wurde. Erst eine nachfolgende Volksausgabe brachte 1903 den Durchbruch – und von da an ist **Buddenbrooks. Verfall einer Familie** über viele Lesergenerationen hinweg Thomas Manns bekanntestes Werk, und vielleicht bis heute der populärste deutsche Roman geblieben. Noch die Begründung der Verleihung des Nobelpreises für Literatur bezieht sich im Jahr 1929 nicht etwa auf den *Zauberberg* von 1924, sondern auf *Buddenbrooks* als »klassisches Werk der Gegenwart«. Der epochale und internationale Erfolg des Buches, das in mehr als dreißig Sprachen übersetzt wurde, speist sich aus mehreren Quellen: aus der eingängig realistischen Schreibweise mit vielen szenischen Akzenten, aus einem Ensemble von Figuren, die zu Identifikation oder Mitgefühl einladen, aus familiären Konstellationen und Konflikten, die Grundmuster menschlichen Verhaltens in einem bürgerlichen Rahmen inszenieren, und schließlich aus der Einbettung sozialer Prozesse und philosophischer Fragestellungen in eine anschaulich gezeichnete Alltagsrealität. »Es war« – so rekapituliert sehr viel später Bruder Heinrich, der die frühe Arbeitsphase aus nächster Nähe miterlebt hat – »einfach unsere Geschichte, das Leben unserer Eltern, Voreltern, bis rückwärts zu Geschlechtern, von denen uns überliefert worden war« – aber »Jahrzehnte später gehörte sie der ganzen Welt«. [10]

Die Familie Buddenbrook ist seit Ende des 18. Jahrhunderts in der Freien und Hansestadt Lübeck ansässig, lebt vom Getreidehandel und zählt zur bürgerlichen Oberschicht, die auch die politischen Ämter und Würden innehat. In vier Generationen erlebt sie zwischen 1835 und 1877 mehrfach den Zyklus von Geburt, Hochzeit und Tod, zugleich aber einen durchgreifenden Niedergang in ökonomischer, moralischer und biologischer Hinsicht. Der Untertitel des Romans: *Verfall einer Familie* interpretiert jene Ereignisse deutlich, ja überdeutlich als unaufhaltsamen Verfalls*prozess* und schließt, als deutsche Übersetzung des Signalbegriffs »Dekadenz«, an ein Modethema der europäischen, besonders der französischen Literatur um 1900 an.

In plastischen Szenen wird dieser Bogen von der ersten bis zur letzten Szene des Romans gespannt: von der festlichen Einweihung des neuerworbenen Hauses, das nochmals Einheit und Größe von »Familie und Firma« repräsentieren soll, bis zur Haushaltsauflösung und Trauer der (durchweg weiblichen) Hinterbliebenen um Hanno Buddenbrook, den »sensitiven Spätling« und letzten Spross der Familie. Dazwischen wird – in mehreren Handlungssträngen, in zehn Teilen und vielen kurzen Kapiteln – der Niedergang von Firma und Familie bis in alle Details demonstriert. Dabei steht zunächst eine wachsende Unsicherheit beim Führen der Geschäfte im Vordergrund, die ihrerseits im Verlust eindeutiger moralischer Normen wurzelt, während gleichzeitig eine schwärmerische Religiosität um sich greift, die dann in den beiden letzten Generationen wieder verloren geht. Unübersehbar ist sodann eine rasante Abnahme der biologischen und psychischen Vitalität besonders der männlichen Familienmitglieder. Auch gelingt es, spätestens in der dritten Generation, nicht mehr, die Ehe als affektive *und* ökonomische Institution der bürgerlichen Gesellschaft hinreichend auszubalancieren, wie etwa an den wiederholten Versuchen von Antonie, genannt Tony Buddenbrook, tragikomisch gezeigt wird. Erzähltechnisch dient diese großartigste Nebenfigur der deutschen Literatur, die einzig Überlebende der Kernfamilie, von Anfang bis Ende des Romans auch als Perspektiv- und Begleitfigur für die Leser und Leserinnen.

Die größte Aufmerksamkeit des Erzählers gilt jedoch ihrem Bruder Thomas, dem Firmenchef in der dritten Generation, an dem Größe und Niedergang der Familie in thematischer Engführung gezeigt werden: von der ehrenhaften Wahl zum Senator bis zum elenden Tod in der Gosse (hier zeigt sich nebenbei Thomas Manns Nähe *und* Distanz zum Naturalismus). Mit großer Disziplin versucht Thomas seine zunehmende »Ermattung« zu überwinden, lässt sich dabei aber gegen besseres Wissen auf riskante Spekulationsgeschäfte ein, die den ökonomischen Abstieg der Firma beschleunigen. Dahinter wird als letzte Ursache eine scheinbar naturgesetzliche Schwächung der Lebens- und Willenskraft deutlich, die der Erzähler durch zunehmende Innenschau der Figur, in langen Reflexionen und inneren Monologen anschaulich macht. Philosophie (in Thomas' ebenso zufälliger wie existentiell erschütternder Schopenhauer-Lektüre) und Musik (besonders die Richard Wagners, die Hanno durch

seine Mutter kennen lernt) verleihen dem Dekadenzgeschehen eine ide-
engeschichtliche, wenn auch zeitgebundene Vertiefung.

Im frühen Typhus-Tod des Hanno Buddenbrook konvergieren alle
langfristig angelegten Verfallserscheinungen: In einer effektsicheren Er-
zähldramaturgie (von der Schulsatire bis zur pseudodokumentarisch
verfremdeten, das heißt aus einem »Conversationslexikon« abgeschrie-
benen Sterbeszene) macht Thomas Mann diese Figur besonders anrüh-
rend und lässt vergessen, dass das todgeweihte Kind aus dem stereotypen
Arsenal der europäischen *décadence*-Literatur stammt. Charakteristisch
für Manns Schreibweise ist einerseits die analytische und psychologische
Schärfe der Figurenzeichnung, besonders bei Thomas, Christian und
Hanno Buddenbrook, andererseits der distanzierende Humor (»ich fin-
de es verteufelt nett« – so kommentierte Mann schon 1895 den Verfall
seiner *eigenen* Familie gegenüber dem Schulfreund Otto Grautoff). Diese elegante Sorglosigkeit lässt sich auf weite Strecken des Romans übertragen. Wenn Tränen fließen, sind es jedenfalls nicht die des Erzählers
(obgleich der Autor zumindest an der Schule ähnlich gelitten hat wie
seine Figur).

Literatur- und sozialhistorisch steht *Buddenbrooks* in einer Reihe von
schulkritischen Werken oder »Kindertragödien« – von Frank Wedekinds
Frühlings Erwachen (1891) über Heinrich Manns *Professor Unrat* (1905,
in diesem Fall eine »Lehrertragödie«), Herrmann Hesses *Unterm Rad*
(1906) und andere mehr bis zu Hanns Johsts expressionistischem Er-
folgsstück *Der Junge Mensch* (1916).[11]

Insgesamt ist für diese Werke eine zwischen Pathos und Sentimentalität einerseits, Satire und Groteske andererseits schwankende Schreibweise charakteristisch – und für ihre jungen Hauptfiguren eine nicht
immer attraktive Wehleidigkeit. Demgegenüber zeigt sich Thomas
Manns Roman in der aus dem französischen Realismus des 19. Jahrhunderts, besonders von Gustave Flaubert überkommenen Tradition der
impassibilité (Teilnahmslosigkeit des Erzählers) verwurzelt. Und wie
wäre die Leidensgeschichte Hanno Buddenbrooks treffender zu kom-
mentieren als mit Walter Benjamins Wort: »Das was den Leser zum
Roman zieht, ist die Hoffnung, sein fröstelndes Leben an einem Tod, von
dem er liest, zu wärmen.«[12]

Tatsächlich hat Thomas Mann für seinen Erstlingsroman literarische
Quellen und Anregungen aus dem deutschen, französischen und skandinavischen Realismus und Naturalismus verwertet. Besonders die Parallelen zur skandinavischen Literatur, im hanseatischen Milieu sehr
plausibel, unterstreichen den oft übersehenen, weil offen zu Tage liegen-

den Regionalismus der *Buddenbrooks*. Vor allem aber hat der Autor stoffliche Anleihen bei der eigenen Familiengeschichte (vom Stammbaum bis zu den Kochrezepten) wie auch bei der Sozialgeschichte Lübecks aufgenommen. Dies hat zunächst, und vor allem in der Heimatstadt Lübeck selbst, Kritik und Polemik am vermeintlichen Schlüsselroman hervorgerufen, gegen die Mann sich wiederum energisch verteidigen musste (so in dem Zeitungsartikel *Bilse und ich*, 1906). Längerfristig hat diese Verarbeitung von Realitätsstoff eine betont biographische Lesart des Romans favorisiert (die immer wieder auch von Selbstäußerungen des Autors gestützt wird).

Die in der zeitgenössischen Soziologie (so etwa von Heinrich Wilhelm Riehl, Max Weber, Werner Sombart) und noch vom Marxisten und Thomas-Mann-Verehrer Georg Lukács diskutierten Fragen nach Habitus, Mentalität und historischer Mission des »Bürgers« bzw. des »bourgeois« werden nicht nur im frühen Roman reflektiert, sondern auch in langen Passagen der späteren *Betrachtungen eines Unpolitischen,* wo diese Reflexionen allerdings bereits vom ideologischen Jargon der Kriegsjahre infiziert sind. Dagegen zeigte der frühe Roman sich komplex und strapazierfähig genug, verschiedene Zeitstimmungen und kritische Moden aufzunehmen und sie zu überdauern. Darin ist das Erzählwerk auch verschiedenen Filmversionen (aus den Jahren 1923, 1959, 1979 und zuletzt 2009) überlegen, die meist zu sehr den Kostümen, also der zeitgenössischen Oberfläche verhaftet bleiben.

Für eine aktuelle, kulturwissenschaftlich orientierte Lektüre, die Sozialgeschichte weniger klassentheoretisch und schematisch betrachtet, dürfte die literarische Verarbeitung des authentischen »Familiengedächtnisses« von besonderem Interesse sein. Hier spielt das von Mann vordergründig behandelte Verhältnis zwischen den Generationen eine zentrale Rolle – vor allem in der Frage nach der Vermittlung von Familienwerten, wobei die Einstellungen und Verhaltensweisen, die eben *nicht* zur positiv gesehenen Familientradition gehören (wie etwa Übersensibilität oder die Tendenz zur Ratlosigkeit vor großen Entscheidungen) sowohl im Roman als auch in der neueren Forschungsliteratur die spannendsten Fragen stellen. Der Lernprozess des jungen Hanno, der an der Seite seines Vaters die verschiedenen Stationen des auch für ihn geplanten Berufslebens zu inspizieren hat, sie jedoch eher nihilistisch analysiert und sehr genau und mitfühlend den Preis erspürt, den sein Vater für den Erfolg bezahlen muss, wäre ein klassisches Beispiel dafür.

Insgesamt ist es dem jungen Autor, der zuvor nur einige kurze Erzählungen publiziert hatte, eindrucksvoll gelungen, Behaglichkeit und Untergangsstimmung, epische Breite und anspruchsvolle Reflexion, Humor und Pessimismus, chronikalisches und psychologisches Erzählen auf einzigartige Weise zu verbinden. Dabei verweist dieser letzte Roman aus der Tradition des 19. Jahrhunderts, der noch einmal und mit leichter Hand alle Kunstgriffe realistischen Erzählens bemüht, auch schon auf die Moderne, ihre Themen, ihre Probleme und ihre Ästhetik, und darf so – nicht nur wegen des Erscheinungsdatums, das er mit Sigmund Freuds *Traumdeutung* teilt – auch als erster großer deutschsprachiger Roman des 20. Jahrhunderts verstanden werden.[13]

Zugleich hat Thomas Mann sich damit von der Vielzahl junger, ihren Weg noch suchender Talente der Jahrhundertwende abgesetzt und als unverwechselbare Größe des literarischen Leben etabliert. Dennoch ist sicher nicht die ganze Wahrheit, was sein Bruder Heinrich viele Jahre später, nach Bruderzwist und Versöhnung, rückblickend bemerkt: »Als sein Roman mitsamt dem Erfolg da waren, habe ich ihn nie wieder am Leben leiden sehen.«[14] Denn es gibt auch kaum sichtbare Formen des Leidens am Leben. Und auch aus ihnen, das wird Thomas Mann noch mehrfach zeigen, kann man große Literatur machen. Als *Buddenbrooks* erschien, wurde es verschiedentlich mit dem damals außerordentlich erfolgreichen, heute vergessenen Roman *Jörn Uhl* des Dithmarscher Pfarrers Gustav Frenssen verglichen, so etwa von dem Kritiker Samuel Lublinski, der bezeichnenderweise den Begriff der »Moderne« in die deutsche Literaturkritik einführte, und die *Buddenbrooks* geradezu prophetisch als ein »unzerstörbares Buch« charakterisierte: »Es wird wachsen mit der Zeit und noch von vielen Generationen gelesen werden: eines jener Kunstwerke, die wirklich über den Tag und das Zeitalter erhaben sind, die nicht im Sturm mit sich fortreißen, aber mit sanfter Überredung allmälig und unwiderstehlich überwältigen.«[15]

Literatur

Moulden, Ken und Gero von Wilpert (Hrsg.): Buddenbrooks-Handbuch, Stuttgart 1988.

Ridley, Hugh: Thomas Mann »Buddenbrooks«, Cambridge 1987.

Vogt, Jochen: Thomas Mann: »Buddenbrooks« (1983), 2. Aufl. München 1995.

Wißkirchen, Hans (Hrsg.): Die Welt der Buddenbrooks, Frankfurt a.M. 2008.

Wolff, Rudolf (Hrsg.): Thomas Manns »Buddenbrooks« und die Wirkung, 2 Bde. Bonn 1986.

»Unordnung und frühes Leid« – erzählt

Die überwiegende Mehrzahl seiner kürzeren Erzählungen, annähernd zwanzig, hat Thomas Mann in der Zeit vor 1915 verfasst. In einer Lübecker Schülerzeitung, bei der er selbst als Redakteur amtierte, wird 1893 sein erster Text gedruckt, eine Prosa-Skizze mit dem Titel *Vision*. Später entstehen Erzählungen oftmals gleichzeitig mit oder als »Erholung« zwischen den großen Romanprojekten; allerdings kann sich der eine oder andere Novellenplan, wie etwa beim *Zauberberg,* dem schließlich vierbändigen (!) *Joseph* und auch bei *Lotte in Weimar,* selbst zu einem solchen Projekt auswachsen. Die Jahre des Exils nach 1933, besonders in Amerika, und der späten Rückkehr nach Europa waren der Novellenproduktion nicht förderlich; es entstehen bis 1953 nur noch wenige, allerdings umfangreichere Erzählungen. Beim Lesepublikum und bei der Literaturkritik haben aus dem gesamten Korpus vor allem drei Texte besondere und überdauernde Anerkennung gefunden: zunächst, vom Autor selbst stets nostalgisch gepriesen, *Tonio Kröger* (1904); sodann, wirkungsgeschichtlich und mit guten ästhetischen Gründen alle anderen überragend, *Der Tod in Venedig* (1912); schließlich, wichtige (politische) Themen der Exilzeit und des Alterswerkes vorweg nehmend, *Mario und der Zauberer* (1930).

Wie Mann später mehrfach betont hat, hielt der junge Autor sich vor und um 1900 in erster Linie für einen »Meister der psychologischen short story«, war »überzeugt, dass die Kurzgeschichte, wie ich sie in der Schule Maupassants, Tschechows und Turgenjews erlernt hatte, mein Genre sei« (XIII, 137), wobei er mit einigem Recht den scharfen oder kalten Blick, der die Oberfläche des banalen Lebens durchdringt, als seine wichtigste Gabe ansah. Allerdings ist die narrative Struktur dieser Texte noch ziemlich diffus, was sich in (zeitgenössisch allgemein beliebten) Genrebezeichnungen wie »Skizze« oder »Studie« ebenso ausdrückt wie in einer manchmal recht befremdlichen Mischung von Handlungsarmut und besonders drastischen (Schluss-)Effekten. In den späten 1890er Jahren, schon in Vorbereitung der *Buddenbrooks* (die dann auch seine Selbsteinschätzung als Autor verändern), sprechen die Briefe an den Freund Otto Grautoff wiederholt über die Absicht und die Mühen des Wechsels von der kleinen zur großen Erzählform.

Die frühen Erzählungen wurden in der Regel zunächst in Zeitschriften wie *Die Gesellschaft* (dort etwa seine Erstpublikation *Gefallen*, 1894) oder *Simplicissimus* veröffentlicht (wo Mann in seiner frühen Münchner Zeit selbst Redakteur war); immer regelmäßiger jedoch in der *Neuen deutschen Rundschau* bzw. *Neuen Rundschau* des S. Fischer Verlags, der dann Thomas Manns lebenslanger Hausverlag wird. Die günstige Resonanz bei Publikum und Kritik veranlasste den Verleger Samuel Fischer bald, mehrere solcher Erzählungen in schmalen Bändchen zusammenzustellen, und nach deren Erfolg – wie erwähnt – auch den »nicht so langen« Roman anzufordern.

Das erste dieser Bändchen, **Der kleine Herr Friedemann** (1898), enthält eine Reihe von kurzen Novellen bzw. »Studien« zu Persönlichkeitsaspekten des gesellschaftlichen Außenseiters. Die »melancholische« Titelgeschichte beschreibt (in den Worten des Autors) »den Einbruch der Leidenschaft in [ein] behütetes Leben, die den ganzen Bau einstürzt und den stillen Helden selbst vernichtet« (XIII, 135). Zwei interessierten Leserinnen gegenüber hatte Mann, in einem Brief aus dem Jahr 1909, freilich auch eingeräumt, dass die Verderben bringende *femme fatale* ihrerseits »eine Leidende« sei, eine »problematische Natur, die in dem körperlich Missgebildeten einen Leidengenossen erkennt, im letzten Augenblick aber zu stolz ist, diese Zusammengehörigkeit wahrhaben zu wollen.«[16]

Die Novelle *Der Bajazzo,* mit noch stärker autobiographischen Anteilen als die meisten anderen Texte, hat schon in der erzählerischen Ich-Form Züge einer »Konfession«, kann aber auch als früher Entwurf der Dekadenzfigur Christian Buddenbrook gelesen werden – zugleich ein Beispiel für das *recycling* von Motiven, Themen und Figuren, das lebenslang ein Grundprinzip von Manns literarischer Produktion werden sollte. Bei zweifellos zunehmender Originalität und Formsicherheit schöpft er insgesamt noch sehr stark aus den beiden vertrauten Milieus: hanseatische Bürgerlichkeit und Münchner Bohème, sowohl bei der Figurenzeichnung wie auch bei den Schauplätzen – etwa in *Gladius Dei* (1902) mit dem sprichwörtlich gewordenen Anfangssatz: »München leuchtete.« Ähnliches gilt für die literarischen und intellektuellen Impulse, von denen einige – vor allem die Lektüre Arthur Schopenhauers und Friedrich Nietzsches – zu einer lebenslangen produktiven Auseinandersetzung führen werden.

Die »Novellen«-Sammlung **Tristan** (1903) bedeutete für ihren Autor, zusammen mit und kurz nach den *Buddenbrooks,* den literarischen Durchbruch. Die »Burleske, die ,Tristan' heißt« (1901) zählt wie *Tonio Kröger* zu den populärsten Texten Thomas Manns überhaupt (und ist diesem konzeptionell wie stilistisch wohl überlegen). Im Klima einer auch international grenzenlosen Begeisterung für Richard Wagner demonstriert sie in einem tragisch-grotesken Szenario deren todbringende Faszination.

Frau Gabriele, eine lungenkranke *femme fragile* aus dem Figuren-Repertoire des Jugendstils, ehelich an den hanseatischen Genussmenschen und »Großkaufmann« Klöterjahn gebunden, wird im Lungensanatorium Einfried von dem erfolglos-eitlen Dichter Detlev Spinell halb verführt, halb genötigt, gegen strengstes ärztliches Verbot auf dem Piano den Klavierauszug von *Tristan und Isolde* zu spielen – mit der morbiden Leidenschaft des Zweiten und dem Liebestod des Dritten Aktes als Höhepunkten. Frau Klöterjahn stirbt wenige Tage später.

Die distanzierte Erzählweise, in der Thomas Mann sämtliche Register seiner Ironie erprobt, findet bei allem gutmütigen Spott über Herrn Klöterjahn ihre Pointe doch in der indirekten, aber scharfen Kritik an Spinells zynischem Ästhetizismus, der selbst als Künstler versagt, sich hinter »Haltung und Würde« verschanzt, vor dem »warmen, guten, menschlichen und redlichen Gefühl« des Großkaufmanns aber nicht bestehen kann.

Das Thema der Dekadenz und Todesnähe jener Musik entstammt Nietzsches Wagner-Kritik und wird in Manns Erzählungen unterschiedlich perspektiviert und bewertet. *Wälsungenblut* (1906) arbeitet das Inzestmotiv aus Wagners *Walküre* (nicht besonders taktvoll) in die Geschichte einer Familie ein, die dem Hause Pringsheim überaus ähnlich ist, in das Thomas Mann soeben eingeheiratet hatte. Doch wird die tödliche Ergriffenheit hier nicht tragisch gestaltet, wie in *Tristan*, sondern kalt und zynisch betrachtet. Beide Texte erproben eine Technik, die später noch für den *Zauberberg* und besonders für *Doktor Faustus* zentral sein wird: die Beschreibung von Musik, die sowohl deren ästhetischen wie auch ihren psychologischen Nuancen gerecht wird.[17]

Unter den frühen Erzählungen nimmt die Künstlernovelle **Tonio Kröger**, die er 1903 in der *Neuen deutschen Rundschau* und in seinem zweiten Erzählband *Tristan* publizierte, weder thematisch noch auf Grund ihres Umfangs einen besonderen Rang ein. Wohl aber wirkungsgeschichtlich: *Tonio Kröger* fand sofort lebhafte und positive Resonanz und ist viele Generationen hindurch einer der beliebtesten (auch meistübersetzten) Texte des Autors geblieben, der seinerseits noch 1930 betont, die »kleine Dichtung« stehe seinem »Herzen am nächsten«. Aus heutiger Sicht erscheint diese positive Einschätzung wie auch der breite und nachhaltige Publikumserfolg zumindest erklärungsbedürftig.

Sprachlich ein wenig geziert, aber in stimmungsvoller Mischung aus nur leicht verschleierter Autobiographie, stofflichen Versatzstücken der *Buddenbrooks*-Welt – wie Brunnen und Walnussbaum, die nun aber nostalgisch und sentimental eingefärbt werden– und einem ausgedehnten, weniger intellektuell als erotisch aufgeladenen »Kunstgespräch« wird die Entwicklungsgeschichte des Großbürgersohns und jungen Künstlers Tonio Kröger erzählt. Die locker gefügten Episoden führen von der Schulzeit samt unerwiderter Knabenliebe zum blauäugig-vitalen Hans Hansen über das Tanzstunden-Missgeschick mit der blonden Ingeborg zu Tonios Existenz als vielversprechender, seiner selbst jedoch noch ungewisser junger Schriftsteller in München und Italien. Im dritten Kapitel erläutert Tonio seine Selbstzweifel (trotz der Anerkennung für einige »ungewöhnliche Werke«) in dem ausgedehnten und stark monologischen Gespräch mit der Malerin Lisaweta Iwanowna, seiner »Freundin [...], der er alles sagte«, und kündigt wenig später seine Absicht an, für längere Zeit nach Dänemark zu reisen.

Nach einem grotesken Zwischenfall in der norddeutschen Heimatstadt, wo man ihn für einen Hochstapler hält, gipfelt die innere Dynamik des Helden (die eine stringente Handlung ersetzen muss) im Seebad Aalsgaard in der visionär-erinnernden Wiederbegegnung mit »Hans« und »Inge«, die er in einem lebenslustigen dänischen Geschwisterpaar zu erkennen meint. Doch scheint ihm aus diesem Erlebnis und seiner affektiven Verarbeitung eine zumindest vorläufige Gewissheit über seinen künftigen Weg zuzuwachsen, die er in einem abschließenden Brief an Lisaweta formuliert.

Insgesamt bekräftigt diese Dynamik das tief liegende Außenseiter-Bewusstsein des Künstlers. Doch ist die Krisengeschichte des jungen Mannes von ausgeprägter Harmlosigkeit, um nicht zu sagen Banalität. Die Figurengestaltung ist, wenn man von Tonio Kröger selbst absieht, schablonenhaft und primitiv. Hans Hansen liest Pferdebücher, über Ingeborg Holm wissen wir nur, dass sie blond ist (was hier als Zeichen des Gewöhnlichen gelten darf). Die Handlungsepisoden müssen über eine starke Identifikation mit Tonio Kröger gelesen werden, wenn sie nicht als lächerlich empfunden werden sollen: die Glastür, die Kröger von dem tanzenden Paar trennt, das literarische Manuskript als Ausweis für die Behörden und dergleichen mehr. Dies wird durch die leitmotivisch herangezogenen Intertexte, Shakespeares *Hamlet* und Goethes *Werther*, in unfreiwilligem Kontrast besonders deutlich (auch wenn Thomas Mann die kleine Novelle mehrfach als »seinen Werther« bezeichnet hat).

Aufschlussreich ist die Erzählung hingegen, weil sie verschiedene Elemente der Weltsicht und der ästhetischen Anschauungen Thomas Manns erkennen lässt, die als *décadence*-Motive einerseits durchaus zeittypisch sind, andererseits aber in problematischer, ja existentieller Zuspitzung und vielfacher Variation sein gesamtes Lebenswerk bestimmen. Da ist die »Sehnsucht [...] nach den Wonnen der Gewöhnlichkeit« und zugleich das »Gefühl der Separation und Unzugehörigkeit«, das sich aus »Erkenntnisekel« speist, aus einem »Zustand, in dem es dem Menschen genügt, eine Sache zu durchschauen, um sich bereits zum Sterben angewidert [...] zu fühlen, – der Fall Hamlets, des Dänen, dieses typischen Literaten.« (VIII, 300)

In einer ersten begrifflichen Ausformung von Gegensätzen, die noch das Alterswerk strukturieren sollen, wird hier »das ,Leben' [...] als ewiger Gegensatz dem Geiste und der Kunst« gegenübergestellt. Was die Figur Tonio Kröger angeht, so zeichnet ihm nun das klare Eingeständnis seiner Befangenheit in diesem Widerspruch – er sei »ein Bürger, der sich in die Kunst verirrte« und zugleich »ein Künstler mit schlechtem [bürgerlichen] Gewissen« – seinen eigenen Weg vor und verschafft ihm die Gewissheit, dass nun gerade seine »Bürgerliebe zum Menschlichen, Lebendigen und Gewöhnlichen« aus einem »Literaten einen Dichter« machen werde. Sehr deutlich wird in der Novelle Tonio Krögers (und damit wohl Thomas Manns) Ablehnung einer exklusiven, menschenverachtenden Ästhetik, der es nur um »Schönheit« geht – die Mann teils mit Italien verbindet (dann spricht er von *bellezza* und denkt vermutlich an den Dichter Gabriele d'Annunzio), teils aber auch mit »Wiener Kunst und Eitelkeit«. Jenseits zeitgebundener Schlagwörter und Attitüden geht es Tonio Kröger (und seinem Autor) hier jedoch um ein ethisch-ästhetisches Lebensprogramm – und um die Schwelle zur großen Kunst.

Jenseits ihrer Einladung zur Identifikation (an junge oder jung gebliebene Leser) enthält die Novelle in ihrer scheinbaren Harmlosigkeit jedoch auch problematische Formulierungen. Am stärksten wohl in der Forderung Tonio Krögers, dass die Naivität des Alltags nicht in den zersetzenden Schlamm des Intellekts hinuntergezogen werden sollte. Dabei ist vor allem die Begründung bedenklich: »Das Reich der Kunst nimmt zu, und das der Gesundheit und Unschuld nimmt ab auf Erden. Man sollte, was davon noch übrig ist, aufs sorgfältigste *konservieren*«, erklärt Tonio der geduldigen Lisaweta. (VIII, 303) Hier artikuliert sich ein Anti-Intellektualismus und eine Zivilisationsfeindlichkeit, die wir aus sehr viel weniger harmlosen Kontexten kennen. In den *Betrachtungen* rekurriert Mann auf diesen Satz, um seine Position als Konservativer zu belegen.

Er zitiert ihn in explizit politischem Zusammenhang, als Befürwortung von Eugenik und Kriegstüchtigkeit. War schon Tonio Kröger so reaktionär? Wohl nicht, es handelt sich hier eher um eine Verkennung von Seiten des Verfassers, der mit abstrakten Begriffen wie Leben, Geist usw. in einem Spiel jongliert, das weder mit Kunst noch mit Realität zu tun hat. Genau hierin liegt der Kern seiner »ästhetisierender Politik«, die im Bruderzwist später aufs Entschiedenste kritisiert wird. »Die Stunde wird kommen,« schrieb Heinrich Mann am 5. Januar 1918 in einem nicht abgesandten Brief an seinen Bruder (dem dann vier Jahre beiderseitigen Schweigens folgten), »ich will es hoffen, in der Du Menschen erblickst, nicht Schatten – und dann auch mich«.[18]

Unmittelbar vor dem Ersten Weltkrieg erschien eine weitere Gruppe von Novellen; darunter das epochale Meisterwerk *Der Tod in Venedig* (1912) sowie der kunstvoll auf der Grenze zwischen Erzählung und Essay balancierende Text *Friedrich und die große Koalition* (1915), der neben fragwürdigen historischen Parallelen einige brillante Porträts enthält. Die Sammlung *Das Wunderkind* enthält Lieblingstexte des Autors (vor allem den einfühlsame Schiller-Monolog *Schwere Stunde*); ihre Beliebtheit während der Kriegszeit dürfte sich aber weitgehend dem Bedürfnis nach kriegsabgewandter, wenn auch nicht gerade leichter Lektüre verdanken.

Aus all diesen kürzeren Erzählwerken ragt **Der Tod in Venedig** in mehrfacher Hinsicht heraus. Mann selbst hielt diese Novelle für »vollkommen geglückt« und zählte sie lebenslang zu seinen Hauptwerken; darin ist er nicht nur vom zeitgenössischen Lesepublikum, sondern auch von der Wirkungsgeschichte eindrucksvoll bestätigt worden.

Die Erzählung wurde 1911/12 verfasst und 1912 in der *Neuen Rundschau* sowie als Einzelausgabe publiziert. Sie nutzt einige biographisch-anekdotische Anstöße (einen Badeaufenthalt der Familie Mann in Brioni und Venedig; den Tod des Komponisten Gustav Mahler) und entwickelt daraus eine in fünf Kapiteln, also in Anlehnung an das Schema einer Tragödie, streng komponierte Künstlernovelle, die einerseits das durchgängige Thema der frühen Erzählungen aufgreift (die Opposition von Leben und Kunst und die daraus resultierenden Identitätsprobleme des Künstlers), es andererseits aber sehr viel differenzierter durchführt und eine neuartige, für Thomas Manns weiteres Werk charakteristische »mythopoetische« Vertiefung (Eckhard Heftrich) einführt.

Der bürgerlich etablierte, seit seinem 50. Geburtstag geadelte Münchner Schriftsteller Gustav von Aschenbach unternimmt – spontanen, erst

allmählich verständlich werdenden Impulsen folgend – eine Sommerreise nach Venedig. Dort verfällt er der »Grazie« und zunehmend auch
der erotischen Attraktion eines jungen polnischen Knaben aus vorneh-
mer Familie, die im selben Luxushotel am Lido ihre Ferien verbringt.
Aschenbach versucht die von dem jungen Tadzio ausgehende Faszination vor sich und anderen zu verbergen, indem er den Knaben unter die
ästhetischen Reize der Stadt, sodann unter die mythologischen Figuren
der in Venedig fortwirkenden Antike einordnet. Doch wird er mehrfach
von lustvollen Visionen der Hingabe heimgesucht, zuletzt von einer
»Traumorgie«, in der seine »Seele [...] Unzucht und Raserei des Unter-
gangs« (VIII, 517) kostet. Die Gefahren eines längeren Aufenthalts sind
jedoch nicht nur moralischer Art, sondern konkretisieren sich parallel
zu Aschenbachs Zerrüttung im Ausbruch einer von den Behörden ver-
schwiegenen Cholera-Epidemie, der Aschenbach (nicht ohne eigene
Fahrlässigkeit) erliegt, während Tadzios Familie mit Reisevorbereitungen
befasst ist.

Als Verfallsgeschichte eines Künstlers und »Leistungsethikers« (XII,
145) schließt *Der Tod in Venedig* bruchlos an frühere Texte und an das
problematische Selbstgefühl des Verfassers an; autobiographische Anspielungen zeigen dies in vielen Details (Aschenbachs »Werke« sind
durchweg aufgegebene Projekte Manns) wie im Grundsätzlichen: vor
allem in der im Text deutlich gestalteten, wenn auch nicht explizit be-
nannten homosexuellen Neigung des Protagonisten. Das im zeitgenössischen Kontext kaum offen formulierbare Tabu erweist dabei eine große
ästhetisch-produktive Kraft. Sie drückt sich in zahlreichen literarischen
Anspielungen und Zitaten aus, insbesondere aus Platons *Phaidros*-Dia-
log, und gipfelt in Aschenbachs (monologischem) Geständnis: »Ich liebe
dich« am Ende des 4. Kapitels. Das Schema der (todbringenden) Wiederkehr verdrängter Triebimpulse hat Thomas Mann, wie die Forschung
gezeigt hat, einer ersten Lektüre von Sigmund Freuds Schrift *Der Wahn
und die Träume in W. Jensens »Gradiva«* (1907) entnommen.

Dass an allen Gelenkstellen der Novelle, buchstäblich von der ersten
bis zur letzten Seite, verschiedene Figuren (z. B. Wanderer, Mitreisende,
Musikanten) als »Todesboten« auftreten, markiert die Thematik des Un-
tergangs. Wichtigster dieser Boten ist Tadzio selbst, der nach dem Vorbild
des Hermes Psychopompos (Seelenführer ins Totenreich) gestaltet ist
und dem sterbenden Aschenbach als »der liebliche Psychagoge« erscheint, der ihn ins »Verheißungsvoll-Ungeheure« (VIII, 525) führt.

Das übergreifende Strukturmuster, in das solche mythopoetischen
Figuren eingepasst werden, ist jedoch der aus Friedrich Nietzsches *Ge-*

burt der Tragödie übernommene Gegensatz des »apollinischen« und des »dionysischen« Prinzips. Während seines mehr als vierwöchigen Aufenthalts in Venedig geht Aschenbach zunächst unmerklich, dann immer schneller und überwältigender all jener Orientierungen verlustig, die bisher seine bürgerliche und vor allem künstlerische Identität ausgemacht haben: »Vernunft« und »Selbstzucht«, »Haltung« und »Leistung«, sowie auch der Formstrenge, die sein Werk als ausgeprägt *neoklassizistisch* charakterisieren.

Komplementär dazu erliegt er zunehmend den »dionysischen« Verlockungen. Der ästhetische Genuss scheint zunächst noch ganz im Zeichen des Apollinischen zu stehen: Beim ersten Zusammentreffen (im 3. Kapitel) bemerkt Aschenbach, dass der «Knabe vollkommen schön« sei (VIII, 469). Bald aber führt wachsendes sinnliches Begehren seine Kunst auf einen letzten Gipfel – und untergräbt sie zugleich auf Dauer: »Nie hatte er die Lust des Wortes süßer empfunden, nie so gewußt, daß Eros im Worte sei, wie während der gefährlich köstlichen Stunden, in denen er, an seinem rohen Tische unter dem Schattentuch, im Angesicht des Idols und die Musik seiner Stimme im Ohr, nach Tadzios Schönheit seine kleine Abhandlung, – jene anderthalb Seiten erlesener Prosa formte, deren Lauterkeit, Adel und schwingende Gefühlsspannung binnen kurzem die Bewunderung vieler erregen sollte.« (VIII, 492f.)

Im erwähnten Traum schließlich, den Mann nach überlieferten Beschreibungen der so genannten eleusischen Mysterien (besonders Erwin Rohde: *Psyche*, 1907) gestaltet, taucht Aschenbach in den Triumphzug des »fremde[n] Gott[es]« (d. i. des Dionysos) ein, in den Tanz um ein obszönes Symbol und das ausschweifenden Ritual einer »grenzenlose[n] Vermischung« (VIII, 517); eine orgiastische Erfahrung, die vom schnellen Infektionstod dann gewissermaßen ratifiziert wird.

Zahlreiche antikisierende Formeln, Anklänge an Homer und Plutarch, bis hin zu formvollendeten Hexametern im Traumbericht, stehen in Kontrast zum inhaltlichen Geschehen und haben insofern deutlich parodistische Züge. Zum durchgehend klassizistisch »hohen« Erzählton ließ Thomas Mann sich erklärtermaßen von Goethes *Wahlverwandtschaften* inspirieren (ursprünglich hatte er eine parodistische Novelle über Goethes Altersliebe zu Ulrike von Levetzow geplant). Gleichzeitig wird die individuelle Verfallsgeschichte (die auch an Thomas Buddenbrook erinnert) sparsam, aber deutlich genug mit der Krisensituation vor dem Ersten Weltkrieg parallelisiert: als Erschöpfung der Zivilisation und Einbruch des Dämonischen. Auch in dieser Parallele findet Mann Wegbegleitung und Orientierung bei Sigmund Freud, wie dessen Kriegsschriften *Das Unbehagen in der Kultur* und *Zeitgemäßes über Krieg und Tod* zeigen.

Dennoch ist *Der Tod in Venedig* keineswegs zeitgebunden; die vielfachen Ambivalenzen dieses »schwebend[en] Gebilde[s]« haben sich vielmehr als fortdauernd produktiv, ja provokativ erwiesen, nicht nur was Literaturkritik und -wissenschaft angeht. Eine umstrittene literarische Kontrafaktur, Wolfgang Koeppens kurzer Roman *Der Tod in Rom* (1954), sowie eigenständige und künstlerisch anspruchsvolle Adaptionen im Film (Luchino Visconti: *Morte a Venezia,* 1970), in der Oper (Benjamin Britten: *Death in Venice,* 1973) und im Ballett (John Neumeier, 2004) belegen den ästhetischen Reiz über künstlerische Genregrenzen hinweg bis in die Gegenwart.

Zwei kleinere Erzählungen der Nachkriegszeit – *Herr und Hund: Eine Idylle* (1919) und *Unordnung und frühes Leid* (1925) – feiern die »natürliche Ordnung« der Welt, im Verhältnis von Mensch und Tier wie auch im Familienleben des Ordinarius Cornelius. Das gibt beiden Texten die atmosphärische Menschlichkeit und Lebensbejahung, die in Manns Werk nur selten zu finden sind. Von »Kälte« ist hier ausnahmsweise einmal nicht die Rede; wohl aber ist diese heile Welt bedroht, gefährdet von der politischen und finanziellen Unsicherheit der Zeit. Hier spiegelt sich deutlich die zögerliche Integration des Autors in die Weimarer Republik.

Thomas Manns zweiter, relativ kurzer Roman **Königliche Hoheit,** bereits 1909 erschienen, nimmt bis heute eine Randstellung im Gesamtwerk ein. Beim Lesepublikum fand er mäßige Resonanz, bei Kritik und Literaturwissenschaft nur geringes Echo. Nach dem großen Erfolg der *Buddenbrooks* musste dies auch für Mann selbst enttäuschend sein und die Furcht nähren, der Autor *eines* großen Buches zu bleiben.

Klaus Heinrich, der jüngere Bruder und designierte Nachfolger des regierenden Großherzogs in einem ungenannten mitteldeutschen Zwergstaat, leidet von Geburt an unter seinem verkrüppelten linken Arm. Behinderung und repräsentative Stellung führen ihn, bei sonst gewinnendem Wesen, in eine Isolation, aus der er den Weg zur Ausübung seines »Hohen Berufes« erst noch finden muss. Seine repräsentativen Aufgaben drohen in bloßer Förmlichkeit zu erstarren. Die Begegnung mit und wachsende Liebe zu Imma Spoelmann, der emanzipierten Tochter eines »amerikamüden« Dollar-Milliardärs, der sich zur Brunnenkur im Residenzort aufhält, weist ihm diesen Weg. Allerdings ist er latent, durch den Privatunterricht und die Lebensberatung des Doktor Überbein, eines Selbstdenkers und Nietzsche-Adepten, schon auf Neues und (in Maßen) Unkonventionelles vorbereitet. Mit Imma studiert er nun ernsthaft die Nationalökonomie und gewinnt Einblick in die zerrütteten Finanzen seines Ländchens. Die absehbare Eheschließung wird weniger als Liebesheirat denn als gemeinsame Aufgabe definiert – als »strenges Glück«, eine vom Autor auch in eigener Sache verwendete Formulierung, so in seinem Essay *Über die Ehe* von 1925 (X, 191ff.). Die mit der Heirat verbundene Millionenanleihe des Industriemagnaten schafft die Grundlage für eine Sanierung der Volkswirtschaft, die bei Imma und Klaus Heinrich, der nun auch offiziell das Regiment übernimmt, in den besten Händen sein dürfte.

Insgesamt wirkt dieser – durchaus unterhaltsam zu lesende – kleine Roman sehr viel zeitgebundener als andere Werke Manns (selbst wenn diese in fernen Zeiten spielen). Das könnte an mangelnder Vertrautheit mit Stoff und Milieu (Hofgesellschaft, Militär usw.) liegen, die hier eben nicht, oder nur in zwei Teilaspekten autobiographisch fundiert sind: einerseits Manns Heirat mit der Millionärstochter Katia Pringsheim (1905) und andererseits seine Übertragung der Künstlerproblematik auf die formale Existenz des Fürsten, die allerdings – verglichen mit den Unbesonnenheiten der Kriegsaufsätze – als politisch harmlos einzustufen ist.

Dagegen lassen sich Konzeption und erzählerische Durchführung durchaus kritisieren, etwa die metaphorische Überfrachtung und Sentimentalisierung der körperlichen Behinderung. Auch das Amerika-Bild ist in der Charakteristik des Milliardärs Spoelman, der aber weniger ein *selfmade man* als ein »Erbe« ist und nur sehr entfernt an Figuren wie Rockefeller erinnert, ausgesprochen klischeehaft, vor allem in der Betonung seiner protestantischen Ethik und seiner Furcht vor einer bolschewistischen Revolution in den USA. An zahlreichen Stellen wird hier die Sentimentalität als eine problematische Altlast aus der Literatur des 19. Jahrhunderts deutlich (die glücklicherweise in den *Buddenbrooks* keine Rolle spielte). Insgesamt nimmt *Königliche Hoheit* eine unentschiedene und problematische Zwischenstellung ein zwischen dem von Mann später entwickelten »intellektuellen Roman« und dem Unterhaltungsroman für Familienzeitschriften, von Eugenie Marlitt bis Theodor Fontane, dessen große Zeit aber definitiv vorüber ist.

Heinrich Mann, der im gleichen Jahr 1909 seinen Roman *Die kleine Stadt* publizierte, ein »hohes Lied auf die Demokratie« (so Thomas Mann), übte seinerseits offen-politische Kritik an der Statistenrolle des Volkes in Königliche Hoheit, worauf sein Bruder einräumte, dies sei kein »sozialkritisches Buch«, sondern eher ein »Lustspiel in Romanform«.

Tatsächlich bettet die Erzählform die genannten autobiographischen Motive in eine konventionelle Romanhandlung ein, die bis zum Happy-End von komödien- und märchenhaften Zügen durchsetzt ist. Man kann aber hinter der parodistisch-spätfeudalen Fassade auch eine modernere Schicht freilegen, insofern der Roman spielerisch die Elemente des Zeitungs- und Magazin-Romans oder die allgemeine Presse-Diskussion um eine »Amerikanisierung« Deutschlands aufnimmt und den Übergang von repräsentativer »Hoheit« zu öffentlicher Prominenz illustriert. Insofern würde es sich aus heutiger Sicht allenfalls um ein modernes »Medienmärchen« handeln.[19]

Der Schluss sei »ein bißchen demagogisch, ein bißchen populär verlogen«, gestand Mann dem Freund Ernst Bertram. Auch unter diesem Gesichtspunkt ist der bemerkenswerte Erfolg der deutschen Verfilmung von 1953 (mit den populären Darstellern Dieter Borsche und Ruth Leuwerik) gerade in der frühen Bundesrepublik einleuchtend, während Thomas Manns im gleichen Jahr publizierte letzte Erzählung *Die Betrogene,* in der es ebenfalls um eine deutsch-amerikanische Liebe geht, heftig umstritten blieb.

Literatur

Baron, Frank und Gert Sautermeister: Thomas Mann: »Der Tod in Venedig«. Wirklichkeit, Dichtung, Mythos, Lübeck 2003.

Reed, Terence J.: Thomas Mann: »Der Tod in Venedig«. Text, Materialien, Kommentar, München 1983.

Vaget, Hans Rudolf: Thomas Mann Kommentar zu sämtlichen Erzählungen, München 1984.

Wolff, Rudolf (Hrsg.): Thomas Mann: Erzählungen und Novellen, Bonn 1984.

Politisch oder unpolitisch? Die frühe Publizistik

Dass der junge Romancier und Erzähler sich bald recht intensiv und mit immer umfänglicheren Stellungnahmen zur politischen Lage äußert und Position bezieht, mag zunächst überraschen, erklärt sich aber einleuchtend aus der mit dem Ersten Weltkrieg einsetzenden allgemeinen Politisierung und Polarisierung des geistigen Lebens, die für Thomas Mann lebensgeschichtlich bis in die Zeit der deutschen Teilung und des Kalten Krieges reicht. Und individuell wächst dieses »politische« Werk aus dem wachsenden Selbstgefühl, mit seinen jeweiligen Bekundungen »repräsentativ« zu sein: sei es als Bürger-Künstler, als Verteidiger einer deutschen Sonder-Kultur, als Fürsprecher der neuen Republik, oder schließlich als Vertreter eines nichtfaschistischen, »besseren« Deutschland.

Konkrete politische Urteile und Positionsbestimmungen aus kulturellen und geistesgeschichtlichen Kontexten (und nicht etwa aus historischen oder ökonomischen Ursachen) abzuleiten, gehörte von Anfang an zum geistigen Profil des Autors; diese Denkweise entwickelte und vertiefte sich aber im historischen Verlauf, der auch für ihn selbst tiefe lebensgeschichtliche Zäsuren und entsprechende Lernprozesse mit sich brachte. Die Durchdringung von Politik und Kultur hat einen für die deutschen Intellektuellen im Kaiserreich insgesamt charakteristischen Grund, der mit dem Fehlen einer demokratischen Tradition im angelsächsischen Sinne zusammenhängen dürfte: Sie sehen die »harten« bzw. konkreten politischen Fragen als Sache der Staatsbürokratie und überlassen sie dem »General Dr. von Staat«, wie es in den *Betrachtungen eines Unpolitischen* heißt (XII, 247), während sie die eigenen »politischen« Erörterungen in eher abstrakter Form und mit kulturellen, wenn nicht gar mit spezifisch künstlerischen Kriterien entwickeln.

Der junge Autor, der seine ersten literarischen Erfolge mit Künstler-Novellen und einem philosophisch grundierten Familienroman gefeiert hatte, verstand sich zunächst als durchaus »unpolitisch« (und verwendete diesen Begriff halb ironisch für seine erste große politische Abhandlung). Er habe 1914 fast »garnichts geahnt und gemerkt«, notiert er später – was erklären würde, dass er den Ausbruch des Ersten Weltkriegs als schockartige Politisierung und als Aufforderung erfährt, selbst

Position zu beziehen. Ein Teil seiner Reaktion auf den Krieg wird – mehr
als 30 Jahre später – im 30. Kapitel des Romans *Doktor Faustus* anhand
der Erzählerfigur Zeitblom rekapituliert. Manns Aufsatz **Gedanken im
Kriege** reagiert im November 1914 auf den Vorwurf, der deutsche An-
griff auf Belgien sei »Barbarei« und die Deutschen somit Feinde der
Zivilisation, indem Mann anhand der Begriffe »Kultur« und »Zivilisation« (bzw. der zugeordneten Begriffe »Moral« und »Politik«) einen
fundamentalen Antagonismus zwischen der deutschen und der
(west)europäischen Kulturtradition konstruiert. (Später ließ Mann diesen Aufsatz nicht mehr abdrucken!) Noch deutlicher – und im Rückblick wohl bedenklicher – war, wie Mann aus dieser nicht völlig verwerf-
lichen Position heraus einige Gedankengänge entwickelte, deren
Antiintellektualismus beschämend war. (Zum Vergleich: Dieselben Begriffe verwendete 1917 der amerikanische Anthropologe Franz Boas, als
die USA in den europäischen Krieg eintreten, um ausgesprochener humanistisch für kulturelle Differenzen – und damit gegen chauvinistische
Überheblichkeit zu plädieren.) Kunst und Kriegsführung gleichzuset-
zen, wie Mann es tat, war schlimm genug; den Begriff der Kultur jedoch
zur Verteidigung offensichtlicher Barbarei – der »buntesten Greuel«
(EII, 27) – einzusetzen, bleibt unverzeihlich.

Der Gegensatz, der hier so bedenklich traktiert wird, speist sich aus
Manns Lektüre der Werke Friedrich Nietzsches sowie zweitrangiger, aber
populärer Vertreter des Kulturpessimismus im späten 19. Jahrhundert
(Julius Langbehn, Paul de Lagarde) und führt ihn zu einer Deutung des
Krieges »als Heimsuchung, als sittliche Not«, zugleich aber als »Reini-
gung, Befreiung [...] und eine ungeheure Hoffnung« (EII, 32f.), was in
emphatischer Zustimmung zum Krieg resultiert (die im übrigen gerade
in »gebildeten« Kreisen weit verbreitet war). Von deutscher Schuld kann
dabei natürlich nicht die Rede sein, das »Händlertum« (also England)
»hat [den Krieg] angestiftet«, es geht nun ganz existentiell »um unser
Recht, zu sein und zu wirken« (EII, 39, 35). Aus dieser Sicht bietet sich
im historischen Rückblick der preußische König Friedrich II. mit seinem
Kampf gegen die europäischen Mächte als Vorbild an: Auch er war ein
»Opfer«, wie der zwischen Essay und Erzählung schwankende »Abriß«
Friedrich und die große Koalition darlegt, der im Untertitel ausdrücklich
auf »den Tag und die Stunde« bezogen ist (1915). Insbesondere wird der
kriegsauslösende Einfall in Belgien (ein integraler Bestandteil des so
genannten Schlieffen-Plans der Obersten Heeresleitung) mit dem Über-
fall Friedrichs des Großen auf das neutrale Sachsen im Siebenjährigen
Krieg gleichgesetzt und damit historisch geadelt.

Thomas Manns großspurig-naive Kriegsverherrlichung führte zum tiefen und lang anhaltenden Bruch mit seinem Bruder Heinrich Mann, der in mehreren Essays die Demokratisierung der deutschen Tradition eingeklagt und Thomas als »Befürworter der ruchlosen Macht« attackiert hatte. Dies bildet den Ausgangspunkt für die *Betrachtungen eines Unpolitischen,* Thomas Manns bei weitem umfangreichste politische Schrift (1918), die einerseits die skizzierten Positionen weiter ausführt, andererseits aber auch, im Sinne einer öffentlichen Selbstbesinnung, einer erstaunlichen Kehrtwende des politischen Schriftstellers Thomas Mann vorarbeitet.

Dieser längste Essay aus Manns Feder ist mit etwa 450 Seiten nur wenig kürzer als sein später Epochenroman *Doktor Faustus,* mit dessen Thematik er über drei Jahrzehnte hinweg untergründig korrespondiert, und er wirkt bis heute sehr zwiespältig. Der weit ausholende, sich variierend wiederholende, mit Zitaten gespickte Argumentations- und Sprachduktus erstaunt zunächst umso mehr, als Mann im Erzählwerk eine immer größere Distanz zum Alltag (und erst recht zur Politik) gepflegt hatte – die zeitgenössische Bezeichnung für diesen Stil lautete «neue Klassizität«. In Wirklichkeit ging es wohl nicht so sehr um politische Grundsatzfragen, als um eine Antwort Thomas Manns auf zugespitzte Provokationen seines Bruders Heinrich. Der hatte in seinem Essay *Geist und Macht* (1910) für eine Demokratisierung des deutschen Geisteslebens nach französischem Vorbild plädiert und in *Zola* (1915) seinen Bruder Thomas als »Ruhmredner der ruchlosen Gewalt« (vgl. XII, 189) angegriffen. Dieser nahm, offensichtlich tief verletzt, den Fehdehandschuh auf, rückte aber auch – durch den Kriegsverlauf ernüchtert – allmählich von seinen chauvinistischen *Gedanken im Kriege* (1914) ab und befasste sich ausgiebig mit seiner Replik, in der er die »politische« Position des »Unpolitischen« zu begründen sucht.

Der Form nach essayistisch, in der »Vorrede« einigermaßen kokett als »Mittelding zwischen Werk und Erguß, Komposition und Schreiberei« (XII, 10) angekündigt, variieren die *Betrachtungen* immer wieder wenige Grundgedanken und untermauern oder illustrieren sie durch eine Vielzahl teils überraschender Lesefrüchte so genannter »Eideshelfer« wie Dostojewski, Tolstoi, Nietzsche, Schopenhauer, Eichendorff, Grillparzer, Stifter und anderer mehr. In lockerer thematischer Gliederung enthalten sie neben der bitteren Polemik gegen Romain Rolland (dies im Sog eines Austauschs von Beleidigungen, mit dem die Intellektuellen in Paris und Berlin den Kriegsausbruch begleiteten) und vor allem, wenn auch stets ohne Namensnennung gegen Heinrich Mann (besonders in den Kapiteln

»Der Zivilisationsliterat« und »Gegen Recht und Wahrheit«). In weiteren Kapiteln geht es darum, diesen individuellen Konflikten repräsentative Bedeutung zu verleihen. Es geht um die besondere Eigenart der deutschen Kulturtradition (»Das protestierende Land«, »Politik«), die den Antagonismus von (deutscher) »Kultur« und (westeuropäischer) »Zivilisation« begründen soll. Andere Partien beschäftigen sich intensiv und intim mit der eigenen inneren Biographie. Mann stellt in dem Kapitel »Einkehr« sein Verhältnis zum »Dreigestirn ewig verbundener Geister« dar, dem er seine Prägung verdanke: »Schopenhauer, Nietzsche und Wagner« (XII, 72). Gegen die (dem Bruder und pauschal allen Franzosen zugeschriebene) Tendenz zur »demokratischen« Politisierung aller Lebensbereiche setzt Thomas Mann seinen als besonders deutsch proklamierten »Glauben, die Frage des Menschen sei nie und nimmer politisch, sondern nur seelisch-moralisch zu lösen«. So aufschlussreich diese autobiographischen Seiten für Aspekte von Manns Entwicklung auch sein mögen, so bleibt doch auch eine gesunde Skepsis gegenüber seinen Selbstdarstellungen und -deutungen geboten.

Im abschließenden Teil seiner *Betrachtungen* wendet Mann den Vorwurf des »Unpolitischen« in einer dialektischen Volte gegen seinen Bruder, eben den »Zivilisationsliteraten«, dem er nun eine »ästhetizistische Politik« vorwirft. Diese Kritik geht mit einer scharfen Attacke gegen die politischen Formen des Expressionismus einher, für den Heinrich Mann mit seinem Aufsatz *Geist und Tat* eine Vorbildfunktion hatte. Man sollte nicht vergessen, dass zur Zeit, als Thomas Mann die letzten Seiten seiner Schrift zu Papier brachte, in seiner neuen Heimatstadt München die so genannte Räte-Republik ausgerufen wurde. So menschlich Thomas Mann einem ihrer intellektuellen Führer (dem Dramatiker Ernst Toller, als überzeugter Pazifist zum Kriegsminister [!] bestellt) in höchster Gefahr beistand[20], seine Kritik an der linksradikalen Episode war vernichtend. Doch statt diese Tendenz mit pragmatischen Argumenten des politischen Konservatismus zu bekämpfen, reklamiert Mann für sich eine die Gegensätze versöhnende oder mindestens relativierende Position der »Ironie« (die faktisch für sein späteres Erzählwerk charakteristischer sein wird als für sein politisches Denken).

Bei erneuter Lektüre kann man sich nur schwer des Eindrucks erwehren, dass hier (wie in den entsprechenden Texten Heinrich Manns) in erster Linie ein aus intimer Vertrautheit und schärfster Konkurrenz gespeister Bruderkrieg ausgetragen wird, für den die Sphäre des Politischen nur eine Bühne bietet. Doch sind die *Betrachtungen*, vielleicht *wegen* dieser engen Verflechtung von persönlichen und kulturgeschichtlichen

Aspekten und wegen ihres disgressiven Stils, interessanter und in den Einzelheiten auch liberaler als die traditionelle Einschätzung es will. Ohne die gelegentlich extremen Formulierungen dieser und anderer politischen Schriften aus dieser Zeit zu verteidigen, darf man wohl auf die mangelnde Erfahrung Manns im Politischen und die allgemeine Tendenz zur »machtgeschützten Innerlichkeit« hinweisen. Denn diese bekannt gewordene Bezeichnung Manns für die politische Haltung Richard Wagners trifft nicht weniger auf ihn selbst zu. Ein kleines Indiz ist die absurde Behauptung Manns in einem Brief von 1917, er habe lediglich aus schreibhygienischen Gründen die *Betrachtungen* publiziert, um zu verhindern, dass der damals schon geplante Roman *Der Zauberberg* »intellektuell unerträglich überlastet« werde. Denn natürlich waren es die Zeitereignisse selbst, die öffentliche und überschnelle Reaktionen hervorriefen, und natürlich bot der Kriegsausbruch einen Anlass zur Verschärfung eines Bruderstreit, der – wie schon die *Buddenbrooks* vermuten lassen – eine lange Vorgeschichte hatte.

Während Thomas Manns Frühschriften in der allgemeinen Kriegsbegeisterung untergingen, wirkten die *Betrachtungen* nach 1918 als Orientierungspunkt für die rechtsnationale und republikfeindliche Jugend. Die politischen Morde an Walther Rathenau und Matthias Erzberger veranlassten Thomas Mann jedoch, sich von den *Betrachtungen* zu distanzieren. In der zweiten Auflage schwächte er 1921 die Angriffe gegen Rolland und Heinrich Mann ab, bevor er sich 1922 mit seiner Rede **Von deutscher Republik** zu einer dezidiert »politischen« Aktion im Sinne der parlamentarischen Demokratie entschloss. Sie machte dann auch eine Versöhnung mit dem Bruder möglich, der freilich den ersten Schritt tat.

Diese Rede hielt Mann am 15. Oktober 1922 in Berlin zu Ehren des 60. Geburtstags von Gerhart Hauptmann, der – aus nicht ganz einsichtigen Gründen – als eine Symbolfigur der Weimarer Republik galt (sich in seinen letzten Jahren jedoch von den Nazis benutzen ließ). Manns Ansprache jedenfalls war, in Gegenwart des Reichspräsidenten Ebert von der SPD, unmissverständlich als Bekenntnis zur neuen Staatsform angelegt und versuchte mit allerlei rhetorischen Volten vor allem die »nationale Jugend« zu gewinnen (deren Vertreter im Saal aber ihren Unmut äußerten, was in älteren Textausgaben noch ausdrücklich vermerkt ist). Die Rede wurde jedoch von den Stützen der Republik als Signal wahrgenommen, dass Thomas Mann nun auf ihrer Seite stand.

Argumentativ und rhetorisch versucht Thomas Mann, die Signalbegriffe »Demokratie« und »Republik« so zu definieren, dass sie auch ihren bisherigen Verächtern annehmbar werden, was nicht ohne eigenwillige Gedankenverbindungen und überraschende kulturelle Kronzeugen abgeht – hier der amerikanische Dichter Walt Whitman, dort der deutsche Romantiker Novalis. So wird Whitmans Homoerotik deutlich als Gefühlsenergie eingesetzt, um Verbrüderung und Demokratie attraktiver zu machen! Die Versöhnung mit dem als »Zivilisationsliteraten« geschmähten Bruder Heinrich, nach dessen schwerer Krankheit im Januar 1922, war nun ebenfalls möglich geworden, auch wenn die politischen Positionen sich nach wie vor unterschieden.

Eine Annäherung an den Bruder bedeutet auch Thomas Manns zunehmende tagespolitische und publizistische Tätigkeit (in Form von zahlreichen Reden und Lesungen, Stellungnahmen, Aufrufen, Offenen Briefen), die er als *Forderung des Tages* versteht – so der Titel einer Sammlung mit »Reden und Aufsätzen« (1930). Sie ist durch die politische Radikalisierung in der Endphase der Weimarer Republik verursacht, spiegelt aber auch die zunehmende Prominenz des Autors, der 1929 mit dem Nobelpreis für Literatur ausgezeichnet wird. Und sie wird bis ins hohe Alter eine Konstante von Thomas Manns Schaffen bleiben.

Die **Deutsche Ansprache** aus dem Jahr 1930 bestimmt – »Marxismus hin, Marxismus her« – den »politische[n] Platz des deutschen Bürgertums heute an der Seite der Sozialdemokratie« (XI, 889), indem er deren Strategie auf den Einsatz für Demokratie und Frieden reduziert. (Dennoch randalierten einige Nationalkonservative im Saal, darunter die Brüder Jünger. Zwanzig dorthin befohlene SA-Männer verhielten sich hingegen still, um die geliehenen Smokings nicht zu gefährden.[21]) Jedenfalls kann Mann auch ein *Bekenntnis zum Sozialismus* ablegen, in dem er vor allem die Einlösung der »humanen Forderungen der sogenannten bürgerlichen Epoche« verlangt und sich zur »Idee der Freiheit« bekennt: »In diesem Sinne bin ich *Sozialist*.« (XII, 681ff.) Es waren mutige Worte (vielleicht eher im Sinne einer Bürgerrechtsbewegung?), doch konnte und wollte Mann – wie sich versteht – zum politischen Kurs der Sozialdemokraten, geschweige denn zu den ständigen Koalitionsproblemen der Zeit (die SPD hatte ein einziges Mal in der Weimarer Republik den Kanzler gestellt) weder informierte Kommentare noch wählerorientierte Vorschläge beisteuern. Wie wenig die konkrete Parteinahme seine Sache war, dass aber solche Unentschiedenheit einer grundsätzlichen Epochendiagnostik nicht schaden muss, lässt sich dann exemplarisch aus Manns Hauptwerk der Zwanziger Jahre lernen.

Gut, Philipp: Thomas Manns Idee einer deutschen Kultur. Frankfurt a.M. 2008.

Kurzke, Hermann: Auf der Suche nach der verlorenen Irrationalität. Thomas Mann und der Konservativismus, Würzburg 1980.

Mendelssohn, Peter de: Der Zauberer. Das Leben des deutschen Schriftstellers Thomas Mann. 1875-1919, Frankfurt a. M. 1975, S.975-1181.

Vor dem Krieg ist nach dem Krieg und umgekehrt

Dass sein Roman »das innere Bild einer Epoche [...] zu entwerfen« suche, hat Thomas Mann bereits von den *Buddenbrooks* (1901) – wenn auch erst nachträglich – behauptet und später auch für den *Doktor Faustus* (1947) wiederholt. Am genauesten aber trifft die Kategorie des »Epochenromans« wohl doch den 1924 erschienenen Roman **Der Zauberberg**. In ihm wird nicht nur auf der Handlungsebene das Bild der »europäischen Vorkriegszeit«, der »Welt vor dem großen Kriege« evoziert – trotz der ständigen Problematisierung der Zeiterfahrung umfasst die Romanhandlung zweifelsfrei die Jahre von 1907 bis 1914. Auf der diskursiven Ebene zeichnen sich aber auch die intellektuellen Signaturen und ideologischen Kontroversen der frühen *Nachkriegsjahre* ab, in denen Mann das bereits 1913 begonnene, dann aber lang unterbrochene Romanprojekt zu Ende führt.

Wie bei anderen Werken gab auch hier ein privates Erlebnis den ersten Anstoß: der Besuch bei seiner Ehefrau Katia, die im Luftkurort Davos eine Bronchialerkrankung auskurierte. Schnell erfasst der Autor den morbiden Reiz und das künstlerische Potential der luxuriösen Sanatoriumswelt. Schon die frühe Erzählung *Tristan* spielte in einem Sanatorium, doch ohne dass die epischen Möglichkeiten dieses besonderen Schauplatzes voll wahrgenommen wurden. Erst im Roman finden sich nun die köstlichen Szenen der Einführung, fast schon Einweihung ins Sanatoriumsleben, oder auch das Thema der Faszination durch den medizinischen Hokuspokus und die kostspielige Atmosphäre des Luxushotels. (Insofern kann nicht verwundern, dass die Davoser Gesundheitsindustrie den Roman lange beanstandete; erst in den letzten Jahrzehnten profitiert der Ort – in bescheidenem Maße – von den Studienreisenden und Konferenzgästen, die zum Schauplatz pilgern.) Und tatsächlich war der *Ort* des verzauberten Bergs von Anfang an Teil des Plans zu einer grotesken Erzählung, die Mann nach Thema und Format als hochalpinwinterliches Gegenstück zum *Tod in Venedig* (1912) konzipiert hatte. Doch schnell kommt die Arbeit zum Stillstand: Die zugespitzte politische

Situation in Europa drängt Thomas Mann, auch persönlich Stellung zu beziehen, was er (wie viele Zeitgenossen) zunächst im Sinne eines aggressiven Nationalkonservativismus tut.

Schon 1915 bleibt das Manuskript liegen, und erst im Zuge seiner ideologisch-politischen Neuorientierung nach Kriegsende, die ihn zum Fürsprecher der neuen Republik und einer kosmopolitischen Völkerversöhnung macht, nimmt Mann das alte Erzählprojekt wieder auf, verändert es konzeptionell erheblich und führt es ab 1919 in vierjähriger Arbeit zu Ende. Im Jahr 1924 erscheint *Der Zauberberg* als über 1000 Seiten starkes Erzählwerk, das je nach Blickwinkel als Bildungs-, Zeit-, Epochen- oder Ideenroman gelesen werden kann, ohne in einer dieser Bestimmungen aufzugehen.

Der Handlungsfaden dieser »Geschichte« (die vom Erzähler gleich eingangs in die Nähe des »Märchens« gerückt wird) ist locker und wenig sensationell, eher schon ein wenig skurril. Der 24jährige Hans Castorp, frisch examinierter Schiffbauingenieur aus Hamburg, in dem wir einen »einfachen, wenn auch ansprechenden jungen Menschen [...] kennenlernen« (III, 9), besucht vor dem Eintritt in die Berufswelt seinen Vetter Joachim Ziemßen, den eine Lungenkrankheit vom geliebten Offiziersdienst fern und in einem Davoser Sanatorium fest hält. Hans »fuhr auf drei Wochen« – und wird, selbst nur ein klein wenig erkrankt und halb freiwillig, geschlagene sieben Jahre auf dem verzauberten Berg verbringen, bis ihn der »große Donnerschlag« des Kriegsausbruchs 1914 ins »Flachland« zurück holt und vermutlich in den Tod auf einem flandrischen Schlachtfeld schicken wird.

Was aber geschieht in diesen sieben Jahren? Zunächst einmal geht Hans Castorp der Welt »da unten« verloren, in der klare Begriffe und Maßstäbe (von Zeit, Pflicht, Arbeit und gesundem Menschenverstand) herrschen. Mit steigender Faszination lebt er sich in die Gegenwelt »hier oben« ein, die einer Umwertung aller Werte unterliegt: wo eine durchwegs wohlhabende Gesellschaft ohne Arbeit, ohne Zeitgefühl und soziale Verantwortung in krankheitsbedingtem Müßiggang dahinlebt bzw. wegstirbt (und vom Autor nach allen Regeln der satirischen Kunst beschrieben wird). Auf der Kehrseite bringt diese Welt aber auch Phänomene der Vertiefung und Verfeinerung hervor, denen Hans sich mit wachsender Faszination hingibt, die ihn zu ernsthafter Lektüre und medizinisch-biologischen Studien und schließlich gar zu einer paradoxen »Sympathie mit dem Tode« führen. Unter diesem Begriff wird am Anfang sein wachsendes Interesse an Krankheit und Tod als Nachtseite des Lebens gefasst, sowie seine Teilnahme am Schicksal kranker und sterbender Menschen.

Freilich muss Castorp auch früh erkennen, dass im Gegensatz zu romantischen Klischeebildern weder die Krankheit noch der Tod an sich verfeinern und veredeln (die Patientin Frau Stöhr ist sowohl sehr krank als auch *sehr* dumm, und wird insofern Opfer des satirischen Erzählens). »Sympathie mit dem Tode« wird dann aber mehr und mehr eine Chiffre für Hans Castorps Entfremdung vom Alltag und sein Sich-Verlieren in der Zauberberg-Welt und ihren sinnlichen wie intellektuellen Reizen – worunter nicht zuletzt seine ganz neue Anfälligkeit für die Erfahrung der Kunst, besonders der Musik zu verstehen ist.

Vor allem aber konkretisieren sich die neuen, schockierenden und widersprüchlichen Einflüsse in einem eindrucksvollen, weil durchweg ironisch präsentierten Ensemble von Figuren. Lodovico Settembrini, ein italienischer Literat und Freidenker, Hansens selbsternannter Mentor, versucht ihn nachhaltig aber vergeblich zum Verlassen des Sanatoriums und zur Rückkehr in die Welt zu überreden. Die medizinischen Autoritäten, den hemdsärmeligen Hofrat Behrens und seinen düsteren, der Tiefenpsychologie ergebenen Assistenten Dr. Krokowski, vermag Settembrini noch effektvoll als »Herrscher des Totenreichs« zu ironisieren. Aber dann unterliegt er doch (vorerst) im Kampf um Hansens Seele; und es ist »natürlich ein Frauenzimmer«, die elegant-fragile Russin Clawdia Chauchat, deren morbidem (»wurmstichigem«) Charme der junge Hans in einer karnevalistischen »Walpurgisnacht« endgültig verfällt. Schwer ist dabei zu entscheiden, ob der prüde warnende Settembrini eher das erotische Abenteuer als solches oder das Objekt von Hansens Begehren und dessen Herkunft aus einem Reich der Finsternis verabscheut. Mit Clawdias Heimkehr ins Zarenreich, ihrer plötzlichen Abreise nach »Dagestan, weit über den Kaukasus hinaus« endet jedenfalls, nach fünf Kapiteln und sieben Monaten Handlungszeit, die erste Hälfte des Romans.

Die zweite Hälfte umfasst in einem sechsten und siebten Kapitel die restlichen sechseinhalb Jahre von Hans Castorps Aufenthalt; das bedeutet, dass die Handlungszeit und ihre Ereignisse nun stark gerafft und nur noch episodisch erzählt werden. Als neuer Gegenspieler Settembrinis tritt der Jesuit Leo Naphta auf, in dessen Ideenwelt und Erziehungspropaganda religiöse und kommunistische Ideen sich zu einem düster-totalitären Programm verbinden. In endlosen Diskursduellen streiten die beiden Intellektuellen miteinander und um den Einfluss auf ihren Zögling, der ihrer ideologischen Gefechte zunehmend überdrüssig wird. Madame Chauchat kehrt überraschend an der Seite eines gewissen Mynheer Peeperkorn zurück, eines reichen Pflanzers aus den holländischen

Kolonien, vor dessen vitaler Präsenz die streitenden Intellektuellen »verzwergen«, und dessen massivem Macho-Charme auch Hans nicht wiederstehen kann, trotz seiner kaum niedergehaltenen Eifersucht. Dieser sprachlose Prophet des Lebensgenusses geht freilich selbst in den Tod, als eine schwere Krankheit ihn seiner Vitalität – direkter gesagt: seiner sexuellen Potenz zu berauben droht (worauf Motive wie Wasserfall, erhobener Zeigefinger usw. etwas überdeutlich hinweisen).

Zunehmende Vereinsamung prägt Hansens letzte Jahre im Sanatorium Berghof. Ein Kapitel wie »Der große Stumpfsinn« markiert die um sich greifende äußere und sittliche Verwahrlosung der Berghof-Gesellschaft. Hans Castorp stemmt sich zumindest teilweise und individuell gegen sie und gelangt auf eigene Faust zu einigen markanten Erfahrungen. Im Kapitel »Schnee«, das nach einem Fingerzeig des Autors üblicherweise als »Mitte« und »Essenz« des Romans gilt – ein ziemlich redundanter Kommentar zum eigenen Werk – erschaut Hans in Momenten höchster Gefährdung, verirrt im Schneesturm und dem Tode nahe, in visionären Bildern das Grauen der menschlichen Existenz und formuliert zugleich das Postulat einer neuen Humanität: Der Mensch solle »*um der Liebe und Güte willen dem Tode keine Herrschaft einräumen über seine Gedanken.*« (III, 686)

Tragweite und praktische Umsetzbarkeit dieser humanistischen Maxime sind freilich mehr als fraglich; ein groteskes Duell, nun unter Verwendung von Pistolen, zwischen Settembrini und Naphta, in dessen Verlauf letzterer sich selbst erschießt, kündet ebenso wie »die große Gereiztheit« im Sanatorium vom nahenden Krieg.

Und dort, in einem Szenario, das deutlich an die Schlacht von Langemarck (November 1914) erinnert, verlieren wir unseren einfachen Helden »aus den Augen«. Auf den Lippen hat er jedoch nicht etwa »Deutschland, Deutschland über alles«, sondern Franz Schuberts Lied vom »Lindenbaum«, ein Dokument romantischer Todessehnsucht (einer Sympathie mit dem Tod, die auch die Todesüberwindung umfasst). Ihm hatte er dort oben, im Romankapitel »Fülle des Wohllauts«, schon einmal andachtsvoll gelauscht. Diese Haltung des todesgeweihten Helden steht jedenfalls im positiven Gegensatz zum mechanisch hergestellten »Weltfest des Todes«, das in den sieben Jahren zuvor (nicht nur deutsche) Ingenieure, wie Hans Castorp einer hätte werden können, in sorgfältiger Arbeit vorbereitet und perfektioniert haben und als Leistung dieser Zeit mit Stolz betrachten.

Wie wird nun aus solcher Vielfalt disparaten Materials ein Roman, der unumstritten zu den Meisterwerken der klassischen Moderne zählt?

Die Antwort wird nicht allein (wenn überhaupt) in jener kursiv gedruckten und gut gemeinten ideologischen Pointe liegen, sondern in der Komposition des gesamten Werkes.

Thomas Mann perspektiviert Handlung und Diskurse zunächst mit Hilfe eines auktorialen, geradezu altväterlichen, aber auch ironiefähigen Erzählers, was allerlei epische und metafiktionale Kabinettstückchen erlaubt (so etwa den elliptischen Hinweis auf Hansens einzige Liebesnacht mit Clawdia, in der Lücke zwischen dem 5. und 6. Kapitel). Es handelt sich hier um eine so offensichtliche Aussparung der Details sexuellen Handelns, dass die wenigen, die doch mitgeteilt werden, angefangen mit dem Drehbleistift, von ganz allein lüstern und zweideutig erscheinen. Auch wird die Atmosphäre des Sanatoriums bereits stark von Dr. Krokowski geprägt, der zeitgenössischen Karikatur eines Psychoanalytikers, der »Vorlesungen« über die sexuellen Ursachen der Hysterie und phallische Pilzformen hält. Insofern kann man die Lücke in dieser Szene – im Gegensatz zu einigen frühen Rezensenten – tatsächlich nur als epischen Spaß verstehen, und zwar als sehr modernen. Ähnliches gilt für die Schilderung einer spiritistischen Sitzung, die – obgleich sie die Gutgläubigkeit der Leser auf das Äußerste strapaziert – an Spannung und Erzählraffinesse kaum zu überbieten ist. In einer solchen Episode, die – wie Manns Aufsatz *Okkulte Erlebnisse* belegt – auf eigene Erfahrungen des Autors zurückgeht, löst sich der erzählerische Realismus fast völlig auf (wie später auch in der Teufelspakt-Szene im *Doktor Faustus*).

In vielen anderen Szenen verstärkt und verfeinert Mann hingegen seine seit den *Buddenbrooks* entwickelte, prinzipiell realistische Symbol- und Leitmotivtechnik. Vielschichtige intertextuelle Anspielungen beziehen sich vor allem auf Goethes *Faust*, Wagners *Tannhäuser* u. a. m. Intermediale Verweise gelten der europäischen Musik-Tradition, besonders im erwähnten Kapitel »Fülle des Wohllauts«, als Hans mit Hilfe seiner »Lieblingsplatten« sein eigenes Psychodrama inszeniert; oder auch der Malerei – wenn die Visionen des »Schnee«-Kapitels nach Gemälden des Münchner Salonmalers Ludwig von Hofmann gestaltet sind, den Mann so sehr bewunderte, dass er sich bei Gelegenheit auch eines seiner Bilder erbettelte.[22]

Schließlich fokussiert der Roman die Vielfalt der angesprochenen Probleme und Fragen einerseits auf den Problemkreis von Leben und Tod, Krankheit und Gesundheit (das könnte man als Neufassung der Dekadenz-Problematik aus den *Buddenbrooks* verstehen), andererseits auf das Problem der *Zeit*. Dies geschieht im subjektiven Horizont der Figuren (Relativität des Zeiterlebens), aber auch im tektonischen Aufbau des Romans, wobei ein rasant sich steigerndes Erzähltempo in Verbindung mit der »iterativen« Darstellung sich wiederholender Ereignisse oder gleichbleibender Zustände zum paradoxen Erlebnis einer endlosleeren Zeit, der »Einerleiheit« und »Ewigkeitssuppe« führt. Es geschieht schließlich auch in zahlreichen Zeit-Reflexionen der Figuren und des Erzählers, die sich beispielsweise am Beginn des 5., 6. und 7. Kapitels zu regelrechten Abhandlungen auswachsen (ein Verfahren, das als »Essayismus« auch bei anderen zeitgenössischen Romanciers zu beobachten ist). Mit dieser mehrschichtigen Verarbeitung der Zeit-Thematik gewinnt der *Zauberberg* Anschluss an eine Schlüsseldiskussion der zeitgenössischen Philosophie (Henri Bergson, Martin Heidegger, Georg Lukács), aber auch an einen wichtigen Entwicklungsstrang modernistischer Erzählkunst in Europa, der etwa durch Marcel Prousts *Auf der Suche nach der verlorenen Zeit (1913-1927)* oder Virginia Woolfs *Fahrt zum Leuchtturm* (1922) gekennzeichnet ist.

Grundsätzlich wäre anzumerken, dass *Der Zauberberg* 1924 am Beginn eines halben Jahrzehnts steht, in dem eine dichte Folge von groß angelegten, teils mit innovativen Verfahren erzählten und in der Folgezeit außerordentlich wirkungsstarken Romanen erscheint: Neben den drei posthumen Romanen Franz Kafkas (*Der Proceß*, 1925, *Das Schloß*, 1926, *Amerika*, 1927) sind dazu etwa noch Herrmann Hesses *Der Steppenwolf* (1927), Alfred Döblins *Berlin Alexanderplatz* (1929), Robert Musils *Mann ohne Eigenschaften* (1930/32), vielleicht auch *Im Westen nichts Neues* von Erich Maria Remarque (1928), in jedem Fall aber auch die deutschen Übersetzungen von Prousts Romanwerk (ab 1926, frz. ab 1913) sowie von James Joyces *Ulysses* (1927, engl. 1922) zu rechnen.

Wenn *Der Zauberberg* gemessen an diesen Werken[23] auf den ersten (und *nur* auf den ersten) Blick konventionell erscheint, so hat dies viel mit der ironisch-auktorialen Erzählform zu tun. Dazu trägt sicher auch der schon im »Vorsatz« explizit hergestellte Bezug zum Märchen bei, sowie die oft (und auch von Mann selbst, etwa in seiner einflussreichen *Einführung in den Zauberberg für Studenten der Universität Princeton* von 1939) betonte Nähe zum Modell des deutschen Bildungsromans, also einer goethezeitlich geprägten Form. So wenig nun zu bestreiten ist, dass Hans einen Prozess der »Steigerung« (oder, wie einstmals Wilhelm Meister, der individuellen »Ausbildung«) durchläuft, so massiv ist doch andererseits die Ironie, unter der dieser Bildungsgang steht, welcher weder zur Erfüllung persönlicher Wünsche noch zu einer sozialen Rolle und nützlichen Tätigkeit führen, sondern allein im »Krieg«, dem »Weltfest des Todes« enden kann. Geht der Bildungsroman doch davon aus, dass die Hauptfigur durch individuelle Bildung veredelt und zugleich als nützliches Mitglied in die Gesellschaft integriert werden kann, so basiert Castorps Erfahrungsprozess auf dem absoluten Mangel an Werten und Sinn im »Flachland«. Auf die Lebensfrage »Wozu?« – und hier insistiert die Erzählinstanz mehrfach und unvermittelt – bietet die normale Welt lediglich »ein hohles Schweigen« als Antwort. Der Nihilismus ist letztlich nicht im Sanatorium, sondern im Alltag des Flachlands zu Hause. Dass diese Perspektive bzw. Perspektivlosigkeit der historischen Situation von 1914 angemessen war, die Thomas Mann auch nach dem Zweiten Weltkrieg noch als das definitive »Ende der Bürgerlichen Kulturepoche« deutet, ist kaum zu bestreiten.

Die frühe Rezeption des Textes spiegelt diese Erkenntnis sowohl unter ideologischen wie unter literarischen Aspekten. Ideologisch galt Thomas Mann inzwischen und zu Recht als republikfreundlicher Autor, was sein Werk für die Nationalkonservativen ohnehin indiskutabel machte. Aber es ging nicht nur um Ideologie. Seine Leser und Leserinnen mussten die starke Modernisierung, sprich Intellektualisierung der Romanform zur Kenntnis nehmen. Der Vergleich mit den Werken rechtsstehender und damals vielgelesener Romanautoren wie Hans Grimm (*Volk ohne Raum*, 1926, Ernst Guido Kolbenheyer (*Paracelsus*, 1917-1926) oder Hermann Stehr (*Der Heiligenhof*, 1918) legt es nahe, dass *Der Zauberberg* aus konservativer bzw. völkischer Sicht nur noch als »zersetzend«, »internationalistisch« und »volksfremd« bewertet werden konnte. In gewisser Weise wird das im Rückblick bestätigt, in dem er uns als ein episches Monument der klassischen Moderne und in enger, eben nicht nur zeitlicher Nachbarschaft zu den oben genannten Werken von Kafka, Döblin, Musil und anderen erscheint.

Erst das deutsche Nachkriegspublikum verhalf dem Roman zu einiger Popularität und etablierte ihn um 1960, etwa gleichzeitig mit Kafkas Werken und deutlich vor denen Brechts, auch im Kanon der Universitätsgermanistik. Es war insofern auch kein Zufall, dass Mitte der 1970er Jahre gerade *Der Zauberberg* zur Zielscheibe eines heftigen Angriffs des Schriftstellers Martin Walser wurde, und zwar wegen seiner »großbürgerlichen, epischen Breite« und des im Begriff der Ironie aufgehobenen Engagements.[24] Der Roman ist ja – und das macht für seine Liebhaber einen wesentlichen Teil seines Charmes aus – durchaus angreifbar geblieben, die epische Integration führt nicht zu fugenloser Glätte. Für aufgeschlossene Leser und Leserinnen erweisen sich aber auch seine Form und Schreibweise, die zunächst nur mit antiquierten Mustern zu spielen scheinen, als überraschend modern (oder gar postmodern?), indem unterschiedliche Erzählmuster und Stilebenen verwendet und gegeneinander relativiert werden. Damit dürften nicht nur der literarische Rang dieses Romans, auch im internationalen Horizont, sondern auch das Interesse immer neuer Lesergenerationen dauerhaft gesichert sein, woran auch eine misslungene Filmfassung (1982) nichts geändert hat.[25]

In der Folgezeit lassen weitere große Romanprojekte Thomas Manns, aber auch seine zunehmende politisch-publizistische Aktivität in Deutschland und im Exil seine Novellenproduktion deutlich zurücktreten. Auch verschwinden nach 1933 die literarischen Zeitschriften, in denen fast alle frühen Erzählungen publiziert wurden, oder verändern ihr Profil ganz radikal. So war *Mario und der Zauberer. Ein Reiseerlebnis* (1930), eine Ablenkung zwischen *Zauberberg* und dem Projekt der *Joseph*-Romane, für ein Jahrzehnt Thomas Manns letzte Erzählung, nahm freilich ein zentrales Thema der Folgezeit vorweg: die (politische) Verführbarkeit der Massen und die Rolle des Ästhetischen dabei. Sie hat, wie der Untertitel andeutet, ihren anekdotischen Kern in einem »Reiseerlebnis« der Familie Mann aus dem Jahr 1926, die »tragische«, d. h. tödliche Zuspitzung ist jedoch fiktional (und geht nach Erinnerung des Autors auf eine Idee seiner Tochter Erika zurück).

Eine gutbürgerliche deutsche Familie, die an der ligurischen Küste Badeferien genießen möchte, leidet unter grassierender Ausländerfeindlichkeit, die der Vater und Erzähler dezent aber deutlich auf das neue faschistische System zurückführt. So müssen die Deutschen ihre Zimmer im Grand Hotel räumen, als noble italienische Gäste sich (unberechtigterweise) beschweren. Und als die kleine Tochter unbekleidet über den Badestrand läuft, führt dieser »Verstoß gegen die nationale Würde« dort zu allgemeiner Entrüstung und einer Geldstrafe. Diesem ersten Teil der Erzählung korrespondiert ein gewichtigerer zweiter, der die latente Bedrohung bis zur Katastrophe steigert (von der die deutsche Familie selbst aber nicht betroffen ist).

In einer abendlichen Varieté-Veranstaltung amüsiert der »fahrende Virtuose, ein Unterhaltungskünstler« (VIII, 670) namens Cipolla (dt. Zwiebel) sein Publikum zunächst mit harmlosen Tricks, bevor er in hypnotischer Sitzung ausgewählte Besucher in seinen Bann schlägt und, während das Publikum zwischen Faszination und furchtsamer Abwehr schwankt, der Lächerlichkeit preisgibt. Als Cipolla schließlich den jungen Kellner Mario hypnotisiert und von ihm einen Kuss fordert und erhält, der eigentlich dessen Angebeteter gelten soll, hat er den Bogen überspannt: Der gedemütigte junge Mann erschießt den Zauberer auf der Bühne.

Dass »Politisches umging« (VIII, 666) betont der Erzähler gleich eingangs; und das gilt auch für die Lektüre des Textes. Der Magier erweist sich, trotz seines abstoßenden Äußeren, durch die suggestiven Fähigkeiten, mit denen er nicht nur sein individuelles Opfer, sondern auch die zuschauende Masse bannt, als Figuration des Ver-Führers. Thomas Mann selbst hat seine Novelle später als »Warnung vor der Vergewaltigung durch das diktatorische Wesen« gedeutet (XIII, 167). Andererseits gehört Cipolla ganz offensichtlich in die Reihe fragwürdiger Künstlerfiguren, die Thomas Mann seit seinen Anfängen entworfen hat und die er später auch explizit in Verbindung mit der politischen Verführung setzt, wenn er im Essay *Bruder Hitler* 1939 in provokanter Zuspitzung seine eigene »reichlich peinliche Verwandtschaft« (XII, 849) mit der abscheulichsten »Erscheinungsform des Künstlers«, d. h. dem deutschen Diktator behauptet. Die explizit politische Lesart verstärkt sich jedenfalls (auch beim Autor selbst) erst im Rückblick, vor der Folie der weiteren historischen Entwicklung.

Das gilt auch für die »beklemmende« Erzählperspektive: Der deutsche Vater räumt »Beschämung« über die Anwesenheit seiner Kinder ein, muss aber auch die eigene Anfälligkeit für den faulen Zauber des »Scharlatans« durchblicken lassen. In dieser bedrohlichen Ambivalenz, nicht in vorschneller Gleichsetzung von literarischen und historischen Figuren, liegt denn auch die bis heute unabgegoltene Aktualität der Erzählung.

Die drei letzten, allesamt umfangreicheren Erzählungen Thomas Manns – *Die vertauschten Köpfe* (1940), *Das Gesetz* (1944) und *Die Betrogene (1953)* – fallen durch ihre große stoffliche und thematische Spannweite auf: Eine »indische Legende«, die Verwertung eines nicht realisierten Hollywood-Projekts zu den Zehn Geboten, und schließlich eine pseudo-klassische Novelle über die tragische Selbsttäuschung einer alternden Frau – gemeinsam ist diesen sonst so verschiedenen Texten ihre thematische Ungebundenheit und Neugier sowie die Unerschrockenheit bei der Darstellung von Sexualität (wie auch in den gleichzeitig entstehenden *Bekenntnissen des Hochstaplers Felix Krull*).

In erster Linie ist dabei an **Die Betrogene** zu denken, die Illusions- und Leidensgeschichte der fröhlichen Offizierswitwe Rosalie von Tümmler aus Düsseldorf (das ist übrigens der einzige zeitgenössische Schauplatz, mit dem Mann nicht selbst vertraut war). Irrtümlich versteht sie ihre nach der Menopause neu erblühte »Weiblichkeit« als körperlichen Ausdruck der Leidenschaft zum jungen amerikanischen Hauslehrer und als Geschenk der »großen und guten Natur«, während sie in Wirklichkeit nur ein Symptom des finalen Gebärmutterkrebses ist.

Diese Geschichte, die sich einer Begebenheit aus dem Bekanntenkreis der Familie Mann verdankt, wird bewusst und konsequent im klassischen (an Goethe und Kleist angelehnten) Novellenstil durchgeführt, was die tragisch-ironischen Effekte besonders stark hervortreibt. In der frühen Bundesrepublik erregte das »späte kleine Machwerk« nach dem Abdruck in der Zeitschrift *Merkur* teilweise scharfe, auf die Thematik zielende Kritik, während Mann bereitwillig einräumte, »dass das ein problematisches Produkt« sei – andererseits jedoch den »experimentellen« Charakter betonte (XI, 529f.). Heutigen Leserinnen und Lesern mag Thomas Manns letzte Erzählung denn auch eher den Begriff vom »Greisen-Avantgardismus« nahe legen, den er selbst im Jahr 1950 für den letzten Roman seines Bruders Heinrich Mann, *Der Atem*, geprägt hatte.

Literatur

Heftrich, Eckhard: Zauberbergmusik. Über Thomas Mann, Frankfurt a. M. 1975.

Maar, Michael: Geister und Kunst. Neuigkeiten aus dem Zauberberg, München 1995.

Ricoeur, Paul: Zeit und Erzählung. Bd. 2: Zeit und literarische Erzählung, München 1989. S. 170-259.

Sautermeister, Gert: Thomas Mann: »Mario und der Zauberer«, München 1981.

Sprecher, Thomas: Davos im Zauberberg. Thomas Manns Roman und sein Schauplatz, München 1996.

»Deutsche Hörer!« Publizistik gegen Hitler

Thomas Mann hatte sich seit 1922 nach Maßgabe seiner Kraft und Einsichten für ein demokratisches Deutschland engagiert; nach 1933 wurde er – nach einigem Zögern – zu einer der entschiedensten und am häufigsten (auch international) vernehmbaren Stimmen gegen Hitler und sein Regime – und war immer dann besonders überzeugend, wenn er aus persönlicher Betroffenheit sprach. Man kann von seinen politische Aktivitäten nicht behaupten, er habe keine Fehler gemacht, wohl aber, dass er diese relativ schnell eingesehen und revidiert hat. Verglichen etwa mit dem englischen Nobelpreisträger Rudyard Kipling blieb Mann in seinen öffentlichen Statements fast ausnahmslos moderat und vorurteilsfrei, oder mit einem Wort, dass er vermutlich empört zurückgewiesen hätte: »zivilisiert«. Dass er in seinen Stellungnahmen durchweg Politik und Kultur vermischte, war weniger individuell als epochenspezifisch. Andererseits konnte er so – beispielsweise in der »Judenfrage« – an der Doppelfront von Belletristik und Publizistik eine besonders nachhaltige Wirkung erzielen und auch Leser und Leserinnen außerhalb des großbürgerlichen Bildungsmilieus erreichen.

Komplementär zu seiner republikanischen Rede von 1922 lassen sich beispielsweise die »Tagebuchblätter« mit dem an Heinrich Heine erinnernden Titel *Leiden an Deutschland* aus den Jahren 1933/34 lesen, in denen er mit zunehmender Schärfe seinen Blick auf dieses »seelisch verdorbenes Land« richtet. Zur Ambivalenz des »politischen« Thomas Mann gehört, dass er – aus Sorge um Publikationsmöglichkeit und Einkünfte – nach der Machtübernahme Hitlers noch einige Zeit zögerte, definitiv mit dem neuen Regime zu brechen. Erst der **Briefwechsel mit Bonn** (1937), in dem er auf die Aberkennung seines Ehrendoktorats durch die Philosophische Fakultät der Universität antwortete, ratifiziert schließlich diesen Bruch, indem er aus persönlicher Verletztheit zu einer grundsätzlichen und massiv formulierten Abrechnung mit dem nationalsozialistischen Staat und seinen bildungsbürgerlichen Helfershelfern ausholt (XII, 785ff.).

In seinem Exilland USA, das er 1938 betritt und dessen Staatsbürgerschaft er 1944 annimmt, beansprucht er zunächst einmal die Rolle des

Repräsentanten eines anderen, besseren Deutschland. »Where I am, there is Germany«, zitiert ihn die *New York Times* nach der Ankunft in USA am 22. Februar 1938, «I carry my German culture in me.« Im gleichen Jahr wird eine deutsche Fassung notiert, wenn auch nicht publiziert: »Wo ich bin, ist Deutschland.«[26] In Amerika spricht er nun häufig, auch auf weiten Vortragsreisen, gut informiert und in aller Klarheit über den Hitler-Staat, engagiert sich aber auch innenpolitisch sehr energisch für den Präsidenten Franklin D. Roosevelt als »Repräsentant der kämpfenden Demokratie« (1941 wird er dann endlich auch im Weißen Haus empfangen). Der Aufsatz, in dem er Hitler als »verhunzten« Künstler deutet – »der Bursche ist eine Katastrophe, das ist kein Grund, ihn als Charakter und Schicksal nicht interessant zu finden« (XII, 846) und insofern **Bruder Hitler** nennt (1938), vermischt auf wenig hilfreiche Weise Faschismuskritik und Kunstdiskussion (das wird zehn Jahre später noch ein Problem seiner epischen Epochenbilanz *Doktor Faustus* sein).

Solche Zwischen- oder auch Misstöne fehlen in den Rundfunkansprachen **Deutsche Hörer!**, die von der BBC zwischen 1940 und 1945 gesendet wurden. Hier spricht sich unverstellt ein tiefer persönlicher Hass auf Verbrecher wie Goebbels und Heydrich aus, und eine immer verzweifeltere Kritik am deutschen Krieg wie auch am »maniakalischen Entschluß zur völligen Ausrottung der europäischen Judenschaft« (im September 1942; XI, 1050ff.). Auffällig ist dabei, mit welcher Selbstverständlichkeit die Ergebnisse der so genannten Wannsee-Konferenz von Januar 1942, also die Planung der europäischen Judenvernichtung, bei der deutschen Bevölkerung als *bekannt* vorausgesetzt werden. Zugleich macht sich unterschwellig die Sorge geltend, wie ein besiegtes Deutschland mit seiner Schuld umgehen würde – und mit denen, die sie ihm, wie der Exilant im fernen Kalifornien, vorhalten. (Den wenig geliebten Nachbarn Brecht treiben zur gleichen Zeit übrigens ganz ähnliche Fragen um.) Besonders in den letzten Kriegsmonaten versucht Mann seinen deutschen Hörern die »Unsühnbarkeit dessen, was [...] Deutschland der Menschheit angetan hat« vor Augen zu halten und »Scham und Reue« (XI, 1106ff.) anzumahnen.

Dabei ist er sich seiner prekären Rolle durchaus bewusst: Ein kleiner aber signifikanter Text wie *Die Lager,* zehn Tage nach Kriegsende in einer Münchner Zeitung erschienen, spricht dezidiert von »*unserer* Schmach«: »'Unsere Schmach', deutscher Leser und Hörer! Denn alles Deutsche, alles was deutsch spricht, deutsch schreibt, auf deutsch gelebt hat, ist von dieser entehrenden Bloßstellung mitbetroffen. Es war nicht eine kleine Zahl von Verbrechern, es waren Hunderttausende einer sogenannten deutschen Elite, Männer, Jungen und entmenschte Weiber, die unter dem Einfluß verrückter Lehren in kranker Lust diese Untaten begangen haben.« (XII, 951)

Bei zunehmender Zurückhaltung in Blick auf die (amerikanische wie europäische) Tagespolitik unternimmt der inzwischen 75jährige Autor noch einige grundsätzliche Interventionen. Die erwähnte *Ansprache im Goethejahr 1949* ist zweifellos die wichtigste – nochmals ein großer Versuch, Goethe als Überwinder vielfacher Gegensätze zum Vorbild und Garanten einer Versöhnung von deutschem Volkstum und europäischer Zukunft auszurufen. Ebenso ausführlich wie von Goethe spricht der Redner hier von sich selbst, seiner prekären Situation (zum »Bußprediger fehlt mir alles«) und seinem Anspruch, selbst zur Überwindung von Gegensätzen beizutragen: »Ich kenne keine Zonen. Mein Besuch gilt Deutschland selbst, Deutschland als Ganzem, und keinem Besatzungsgebiet.« (XI, 488)

Die Resonanz in Ost und West bestätigt ihm die beanspruchte und gefühlte Repräsentativität, lässt aber auch (zumindest in Westdeutschland) heftiges Ressentiment gegen den »Nestbeschmutzer« und »Bußprediger« laut werden – aus studentischen Kreisen wie auch von Seiten der sogenannten »Inneren Emigration«. Andererseits gewinnt er selbst keine realistische Einschätzung der Situation im geteilten Nachkriegsdeutschland mehr: Im Westen fürchte er nur die Wiederkehr der Nazis, im Osten übersieht er alle Symptome der Zwangsherrschaft.[27]

In den wenigen späteren Äußerungen zieht Mann sich auf seine schon in den 1920er Jahren ausgeprägten Positionen des Pazifismus und Kosmopolitismus zurück.[28] Das schließt dann wiederum eine erstaunliche Weitsicht (oder einen bewunderungswürdigen Optimismus) nicht aus: So krönt er im Jahr 1953, also zu Hochzeiten des Kalten Krieges, aber in der »Luft der Heimat« (»es muß ja nicht unbedingt Lübeck sein«) seine *Ansprache vor Hamburger Studenten* mit einem selbstbewusst variierten Goethe-Wort: »Uns ist nicht bange, dass die wirkende Zeit nicht ein geeintes Europa bringen wird mit einem wiedervereinigten Deutschland in seiner Mitte.« (X, 401)

Literatur

Mayer, Hans: Zur politischen Entwicklung eines Unpolitischen, in: H.M.: Repräsentant und Märtyrer. Konstellationen der Literatur, Frankfurt a.M. 1971, S.65-93.

Sautermeister, Gert: Widersprüchlicher Antifaschismus. Thomas Manns politische Schriften (1914-1945), in: Lutz Winckler (Hrsg.): Antifaschistische Literatur, Kronberg 1977, Bd.1, S.142-222.

Aus dem Brunnen der Vergangenheit

Nach dem Abschluss des *Zauberberg*-Romans (und der damit verbunde-
nen Erschöpfung) hatte der Meister im Jahr 1926 »rasch« ein paar Novellen – »historisierende, kostümliche Dinge« – ins Auge gefasst, darunter einen »Joseph in Ägypten«. Aus dieser Idee wuchs, über fast zwanzig
Jahre hinweg, ironischer Weise sein umfangreichstes und zugleich am
wenigsten bekanntes Erzählwerk. An dem vierteiligen Romanzyklus
Joseph und seine Brüder hat Thomas Mann, mit längeren Unterbre-
chungen, von 1926 bis 1942 gearbeitet; die Einzelbände erscheinen unter
den Titeln **Die Geschichten Jaakobs** (Berlin 1933), **Der junge Joseph**
(Berlin 1934!), **Joseph in Ägypten** (Wien 1936) und **Joseph der Ernährer**
(Stockholm 1943); eine dreibändige Gesamtausgabe erst 1948, ebenfalls
in Stockholm, wo sein altes Verlagshaus als Bermann Fischer Verlag die
Naziherrschaft überdauert hatte.

Die wechselnden Verlagsorte zeigen an, dass dieses Projekt tiefe historische und biographische Zäsuren überspannte, insbesondere die
Machtergreifung der Nationalsozialisten und Manns Umsiedlung in die
USA, was zumindest teilweise für die lange Arbeitsdauer verantwortlich
war. Mitte der 1930er Jahre unterbrach Mann außerdem das Projekt, um
zunächst seinen Goethe-und-Deutschland-Roman *Lotte in Weimar* ab-
zufassen, der 1939 in Stockholm erschien.

Schließlich fällt, was diese lange Zeitspanne angeht, auch die immer
deutlichere Absicht und Anstrengung des Verfassers ins Gewicht, mit den
Joseph-Romanen den Schritt vom »Bürgerlich-Individuellen zum My-
thisch-Typischen« zu tun, wie er im Essay *Freud und die Zukunft* (1936)
sagt, und die »Brunnentiefe der Zeiten« bis dorthin auszuloten, »wo der
Mythus zu Hause ist und die Urnormen, Urformen des Lebens gründet«
(IX,493). – Erzählend soll eine Psychologie des mythischen Bewusstseins
entworfen werden, in dem das menschliche Denken und Verhalten noch
durch archaisch kollektive Verhaltensmuster bestimmt wird. Für diese
Absicht bot sich die biblische Josephslegende (Genesis I, bes. Kap. 27-50)
auch deshalb an, weil Mann eine Anregung Goethes aus *Dichtung und
Wahrheit* aufgreifen wollte, »diese natürliche Geschichte [...] in allen
Einzelheiten auszuführen«.

Thomas Manns aktualisierende Darstellung[29] des mythologischen Stoffs, nicht nur des biblisch-palästinensischen und des ägyptischen, sondern auch des phönizischen, hellenischen und assyrischen Raums, stützt sich zunächst auf den reinen Bibeltext, bezieht dann aber zahlreiche weitere Quellen, auch ältere Sagen und Überlieferungen ein, sowie Ergebnisse der modernen Theologie und Altertumsforschung.

Die ersten beiden Bände erzählen – nach einer als »Höllenfahrt« titulierten essayistischen Einleitung, die den »Brunnen der Vergangenheit« bis zum Schöpfungsmythos vertieft – in einem großen Rückgriff die Lebensgeschichte des Stammvaters Jaakob, seinen Segensbetrug an Esau, seine Flucht und Demütigung durch dessen Sohn Eliphas, seine Verbannung bei Laban, dem er vierzehn Jahre um seine Tochter Rahel diente, die Brautvertauschung mit deren ungeliebter Schwester Lea, die ihm jedoch seinen Erstgeborenen Ruben schenkt, während Rahel erst sehr spät »den rechtmäßigen Sohn« Joseph gebiert, schließlich Jaakobs Rückkehr und die Aussöhnung mit Esau, die Jugend Josephs und seine Konflikte mit den älteren Brüdern, die den Liebling des Vaters in einem Brunnenschacht aussetzen, aus dem ihn erst Nomaden befreien und nach Ägypten bringen.

Die beiden letzten Bände stellen der patriarchalischen Hirtenwelt der »Erzväter« oder Patriarchen und ihrer religiösen »Gottessorge«, dem von Abraham entdeckten *einen* Gott, das zivilisatorisch fortgeschrittene Milieu des oberen Niltals mit seinem bunten Götterhimmel entgegen. In Widerspruch zu einem Teil der fachwissenschaftlichen Forschung datiert Mann den Aufenthalt Josephs in Ägypten auf das Ende der 18. Dynastie, in die Regentschaft Amenhoteps III. (1411-1375 v. Chr.) und Amenhoteps IV. (1375-1352). Damit führt er das Geschehen aus dem »Irgendwann« und »Einst« der mediterranen Mythenwelt in klarere, historisch zumindest umrisshaft deutlich werdende Bezüge.

Dieser Teil handelt zunächst – *Joseph in Ägypten* – von dessen Sklavendienst im Hause Potiphars, eines Groß-Eunuchen des Pharao, seinem Aufstieg zu dessen Hausverwalter und dem Verführungsversuch durch Mut-em-enet, die Ehefrau seines Herrn. (An dieser Episode lässt sich Manns psychologisch ausdifferenzierendes und feinfühliges Erzählen ebenso gut beobachten wie der starke Einfluss von Sigmund Freuds Trieblehre und C. G. Jungs »Archetypen«.) Es folgen Josephs Bestrafung und erneute »Fahrt in die Grube« (d. h. seine Gefangenschaft auf der Insel Zawi-Rê), seine Erhöhung zum Traumdeuter des Pharao, dessen Gunst er mit der Ausdeutung des Traums von den sieben fetten und sieben mageren Kühen (bzw. Jahren) so sehr gewinnt, dass ihm als »Wirt-

schaftsminister« die Versorgung und Vorratshaltung für das gesamte
Reich übertragen wird und er den ehrenden Beinamen erhält, der dem
letzten Band seinen Titel gibt: *Joseph der Ernährer*. Den Abschluss bildet
die Wiederbegegnung mit seinen Brüdern und dem Vater sowie der Zug
der gesamten Familie nach Ägypten und Jaakobs Tod.

Diese bekannte biblisch-legendäre Handlung wird von Mann nicht
nur mit romanhaft-fiktiven Elementen angereichert, sondern mit text-
kritischen und essayistischen, religionshistorischen, mythenkundlichen,
soziologischen und metafiktional-reflexiven Einschüben durchsetzt. So
gewinnt die Geschichte »gleichsam Selbstbesinnung« und erinnert sich,
»wie es denn eigentlich im Genauen und Wirklichen mit ihr gewesen,
also, daß sie zugleich quillt und sich erörtert«. Dabei bedingen gerade
die versuchte Exaktheit und der modern-wissenschaftliche Gestus die
humoristische und ironische Grundhaltung des Werkes, »denn das Wis-
senschaftliche, angewandt auf das ganz Unwissenschaftliche und Mär-
chenhafte, ist pure Ironie«.

Mentalitäts- und kulturgeschichtlich entwirft der Romanzyklus in
großzügigen Linien die Wandlung von einem typisierten »mythischen
Bewusstsein«, für das temporale Strukturen der Wiederholung und des
Kreislaufs, oder auch die Vertauschung von Identitäten kennzeichnend
sind, und das sich nur nach »hinten«, also zur Überlieferung öffnet, in
Richtung auf ein individuell-personales, gewissermaßen »aufgeklärtes«
Bewusstsein, für das der nach vorn schauende, quasi bürgerlich-rationa-
listisch planende, handelnde und für das Gemeinwohl vorsorgende »Ernährer« Joseph exemplarisch steht. Dieser selbst registriert im Roman
mit Erstaunen den Anfang der Zivilisation und einer auf Individualität
gegründeten Kultur.

Zeitgenössische Leser mochten darin, vom Autor durchaus inten-
diert, eine Anspielung auf den von Thomas Mann verehrten US-Präsi-
denten Franklin D. Roosevelt und seinen sozialpolitischen »New Deal«
sehen; grundsätzlicher darf man auch an die von Theodor W. Adorno
etwa um die gleiche Zeit formulierte Erkenntnis erinnern, dass »die
Mythologie selbst [...] den endlosen Prozeß der Aufklärung ins Spiel
gesetzt« habe. Und bereits 1927 hatte der Kunsthistoriker Wilhelm Worringer die alte ägyptische Kunst mit dem zeitgenössischen »Amerikanis-
mus« verglichen.[30]

Auf diesen Prozess der Bewusstwerdung und die von Thomas Mann
überaus hoch eingeschätzte zeithistorische Aktualität bezieht er sich 1941
in einem Brief an den Altphilologen und Mythenforscher Karl Kerényi,
der das Projekt der *Joseph*-Romane in einer ausgedehnten Korrespondenz

seit 1934 intensiv und kritisch begleitet hatte: »Man muß dem intellectu-
ellen Fascismus den Mythos wegnehmen und ihn ins Humane umfunkti-
onieren. Ich tue längst nichts anderes mehr.« Die grundsätzliche Front-
stellung gegen die Nazis und ihre Wortführer (etwa Alfred Rosenbergs
Mythus des XX. Jahrhunderts) entspricht kulturstrategischen Vorschlägen,
wie sie zur gleichen Zeit etwa der marxistische Philosoph Ernst Bloch, vor
allem in seinem Buch *Erbschaft dieser Zeit* (1936), vorgebracht hatte. Ihre
besondere Pointe findet jene Konfrontation in den *Joseph*-Romanen aber
darin, dass es die *jüdische* Urgeschichte ist, die in diesem aufklärerischen
Sinne mythisiert und als Urgrund europäischer Kultur, wenn nicht sogar
als Grundwerte der Menschheit, freigelegt wird – im Gegensatz zu einer
nationalsozialistischen Hassrhetorik, die dem Judentum keine mythische
Dimension, sondern ausschließlich »zersetzenden« Intellekt zugestand.

Man darf nochmals daran erinnern, dass Thomas Mann dies eben zu
der Zeit zu Papier bringt, als Hitler, Himmler, Heydrich und ihre Hel-
fershelfer in Deutschland die systematische Verfolgung und Ausrottung
des Judentums beschließen und zu organisieren beginnen.

In ihrer mythologisch frühzeitlichen Verwurzelung erinnern die
Joseph-Geschichten an die zeitlos-archaische Tätigkeit des Erzählens als
eine Wurzel der Kultur schlechthin. Der überlieferte Rahmen fordert
jedoch Ausfüllung, die »Beseelung« durch den Dichter – gerade weil die
religiöse Botschaft der Überlieferung erloschen oder verschüttet ist.
Während aber die meisten anderen, insbesondere die frühen Erzähl-
werke Manns von eigenen lebensgeschichtlichen Motiven ausgehen, er-
wirbt die Geschichte Josephs ihre biographische und zeitgeschichtliche
Relevanz erst im Prozess des Erzählens, vor allem mit der Erfahrung des
Exils. Damit – auch in der zunächst etwas gesucht erscheinenden Parallele von ägyptischem Pharao und amerikanischem Präsidenten – hat sich
der Roman nicht nur zum Autobiographischen, sondern auch zum Politischen hin entwickelt; der letzte Band ist häufig auch als »Staatsroman«
bezeichnet worden: Eine Entwicklung, die der Verfasser sicher nicht an-
tizipieren konnte, als er sich 1926 dem Thema zuwandte.

Dass *Joseph und seine Brüder,* von heute aus gesehen, zumindest beim
Lesepublikum nicht die Verbreitung und Wertschätzung fand wie die
drei »Epochenromane« von 1901, 1924 und 1947, mag aber letztlich doch
mit dem schieren Umfang der Tetralogie und der historischen Distanz
des Stoffes zu tun haben – auch wenn sie »etlichen Kennern«, wie Eckhard Heftrich sagt, inzwischen als »größtes« Werk Thomas Manns gelten
mag.[31] Unabhängig davon bleibt er ein herausragendes Monument einer
humanistischen deutschen Literatur in der Hitlerzeit, zeigt Aspekte eines

»besseren Deutschland«, das zu vertreten Thomas Mann im Exil unerschrocken (und auch gegen den Vorwurf persönlicher Eitelkeit) behauptete.

Der Roman, mit dem er sich, ebenfalls in diesem politisch grundierten Sinn, »die phantastische Freude mach[t], Goethen einmal persönlich auf die Beine zu stellen«[32], entsteht ab 1936 während einer dreijährigen Unterbrechung der Arbeit am epischen Großprojekt *Joseph und seine Brüder*. Er erscheint kurz nach Beginn des Zweiten Weltkriegs und darf neben dem Essay über *Goethe als Repräsentant des bürgerlichen Zeitalters* (1932) als wichtigstes Zeugnis der lebenslangen Auseinandersetzung mit dem Weimarer Klassiker – und zugleich als persönliche kulturpolitische Stellungnahme gelten. In freier Verwendung authentischer Figuren und Begebenheiten sowie historischer und literarischer Quellen, die je nach Bedarf modifiziert und fiktionalisiert werden, entwirft der Autor eine reizvolle Grundsituation, die er dann nach verschiedenen Seiten hin entfalten wird.

Dabei spielt die Perspektive eine maßgebliche Rolle: Titelfigur ist eben *nicht* Goethe selbst, sondern Charlotte Kestner, geborene Buff, das lebenswirkliche Modell jener »Lotte«, die für Werthers Leiden mindestens mitverantwortlich war. Sie kommt nun, im Jahre 1816, als verwitwete Hofrätin aus Hannover nach Weimar: unter dem »Vorwand« (wie sie später gesteht) eines Verwandtenbesuchs, in Wahrheit aber, um den Mann zu sehen, der sie einst geliebt und (wichtiger noch) zu einer weltberühmten Romanfigur, sich selbst aber zum Abgott der neuen deutschen Literatur gemacht hatte. Doch sieben Kapitel und 400 Seiten lang muss Lotte auf das Wiedersehen mit ihm warten, während sie einige Stützen der Weimarer Gesellschaft kennen lernt, die ihr diverse, oft konträre Perspektiven auf Goethe und seine Umwelt eröffnen – u. a. trifft sie seinen Sekretär Dr. Riemer, seinen Sohn August von Goethe, die junge Gesellschaftsdame Adele Schopenhauer.

Alle Gespräche kreisen – unvermeidbar – um den, der das soziale und geistige Leben der kleinen Residenzstadt noch als Abwesender dominiert. Als »wiederholte Spiegelungen« (ein von Goethe geschätzter Begriff) entwerfen sie ein vielfältig-widersprüchliches Bild seiner Person, seiner privaten und sozialen Beziehungen, seiner Gedankenwelt, seiner Lebens- und Wirkungsgeschichte.

Seine Tiefendimension gewinnt dieses Spiegelkabinett durch »Das siebente Kapitel« (dessen Sonderstellung der bestimmte Artikel betont): Es beginnt als innerer Monolog des früh und ziemlich vital erwachenden alten Herrn, in dem er die Mühen des Tages bedenkt, aber auch Figuren

und Episoden aus seiner Vergangenheit (etwa das Verhältnis zu Schiller)
rekapituliert. Erst nach 60 Seiten geht dieser Assoziationsstrom endgültig ins Alltagsgespräch mit dem Bedienten und mit seinem Sohn August
über, wo es dann auch um die Hofrätin Kestner (»das Seelchen«) und
die »übliche« Belohnung für »distinguierte Weimar-Pilger« geht: »ein
Mittagessen im kleinen Cirkel« (II, 694).

Nach diesem erzählerischen Höhepunkt kann das achte Kapitel nur
eine Abflachung und menschlich, jedenfalls für Lotte, eine Enttäuschung
bringen, weil die einst so Vertraute sich nun als »Olympier« inszeniert
und jede persönliche Geste verweigert. Erst das kurze neunte Kapitel
(eine Art von Coda) sorgt mit einem fast konspirativen Zusammentreffen des Paares im vertrautem Zwiegespräch (beiderseits mit Goethezi-
taten gespickt) für ein versöhnliches Ende.

Zugleich werden Themen, die den gesamten Roman durchziehen,
hier gebündelt. Im Zentrum steht die Problematik der künstlerischen
Größe und ihrer »Kosten«, die von der bisweilen naiven und eitlen, aber
doch auch lebensklugen und instinktsicheren Lotte sehr präzise benannt
wird: »Aber das muß ich auch sagen dürfen, Goethe: so sehr wohl und
behaglich war mir's nicht eben in deiner Wirklichkeit, in deinem Kunst-
haus und Lebenskreis [...], denn allzu sehr riecht es nach Opfer in deiner
Nähe [...], es ist ja beinah wie ein Schlachtfeld«. (II, 762f.) Der Angespro-
chene verweist entschuldigend auf die eigenen Leiden (»ich zuerst und
zuletzt bin ein Opfer«) und, seinen *Torquato Tasso* zitierend, auf die
zweifelhafte Auszeichnung, »daß ein Gott mir gab zu sagen, was ich
leide«, ehe er schließlich »zum Abschied und zur Versöhnung« die be-
rühmten Schlussworte aus den *Wahlverwandtschaften* situationsgerecht
modifiziert: »und welch freundlicher Augenblick wird es sein, wenn wir
dereinst wieder zusammen erwachen«.

Ein anderer Themenstrang (nicht so sehr mit Lotte verknüpft), ist
Goethes Abwehr, ja Diffamierung der nationalen Begeisterung, die im
Umkreis der preußischen Befreiungskriege gewachsen war und von der
jüngeren Generation, etwa von Adele Schopenhauer, vertreten wird. Dies
trifft die tatsächliche Haltung des Napoleon-Verehrers Goethe, wird im
Roman aber vor allem herausgearbeitet, um dem Autor Thomas Mann
die indirekte Polemik gegen den Nationalsozialismus zu ermöglichen,
den er nicht erst im *Doktor Faustus* (1949) als verderbliche Konsequenz
einer deutschtümelnden Tradition versteht. In Umkehrung der zeit-
lichen Perspektive lässt er seinen Roman-Goethe gegen die nationale
Denkart polemisieren, »weil es die noch edle, noch unschuldige Vorform
ist von etwas Schrecklichem, das sich eines Tages unter den Deutschen

zu den grassesten [sic!] Narrheiten manifestieren wird« (II, 511). Solch
unterschwellige Aktualisierung gipfelt in der erzählerischen kühnen
Pointe, dem großen Vorbild die eigenen, bereits zitierfähigen Worte (aus
dem Jahr 1936, variiert in New York 1938) leicht modifiziert in den
Mund zu legen: »Sie meinen, sie sind Deutschland, aber ich bin's, und
ging's zugrunde mit Stumpf und Stiel, es dauerte in mir.« (II, 658) Die
Vorstellung eines humanistischen Mythos, die schon *Joseph und seine
Brüder* durchzieht – und *Lotte* war ja arbeitsökonomisch nur ein Zwi-
schenspiel der Arbeit am Großroman – spielt im Goethe-Bild dieses
Romans eine wichtige Rolle.

Von derartigen Effekten einer »doppelten Optik« abgesehen, kann
man *Lotte in Weimar* durchaus als historische und atmosphärische Rekonstruktion von Goethes Zeit und Welt lesen. Aber auch die ist ein literarisches Spiel, weithin ein Lustspiel, eine »intellektuelle Komödie«,
wie der Verfasser selbst betont hat. Das ist vielleicht auch der Grund,
warum der Roman anders als Manns sonstige Bücher als Anregung oder
Modell für spätere Werke gewirkt hat, man denke etwa an *Kein Ort.
Nirgends* von Christa Wolf (1986) oder *Ein liebender Mann,* verfasst vom
früheren Thomas Mann-Kritiker Martin Walser (2007).

Tatsächlich dominiert in *Lotte* der szenische Charakter über weite
Strecken, auch in der Stimmenvielfalt des Romans, dessen Handlung fast
nur aus den Gesprächen weniger Tage besteht (die dann aber perspekti-
visch eine ganze Epoche einholen). Man könnte von einem Zitatroman
sprechen: Meisterhaft, wie Mann hier Äußerungen Goethes und seiner
Zeitgenossen zitiert, variiert, parodiert, bei Bedarf auch erfindet, und
schließlich zu einem in sich stimmigen und höchst amüsanten Diskurs-
Gebilde montiert. Zitiert werden auch typische Elemente und Strukturen goetheschen Erzählens: Eingangs- und Ausgangsszene (mit der un-
vergesslichen Chargenfigur des »gebildeten« Kellners Mager) erinnern
an *Wilhelm Meisters Lehrjahre,* das Fünfte Kapitel mit der zusätzlichen
Überschrift *Adeles Erzählung* an die novellistischen Einlagen in *Wilhelm
Meisters Wanderjahre.*

Historisches Ambiente und historisierender Sprachduktus dürfen
jedoch nicht über die beträchtliche Modernität der Erzählweise täu-
schen. Die erwähnte Stimmenvielfalt, die doppelte Optik der Gespräche,
der Perspektivenwechsel zwischen den Kapiteln und am auffälligsten die
Technik des Bewusstseinsstroms rücken den Roman – überraschender
Weise – in die Nähe von Erzählern wie James Joyce und Virginia Woolf.
Er bewahrt insofern nicht nur den »Geist der Goethezeit«, sondern auch
die Errungenschaften der literarischen Moderne vor dem braunen Un-

geist. In seinem Facettenreichtum und im Pendeln zwischen Ernst und Spiel ist *Lotte in Weimar* sicher nicht der wichtigste, aber vielleicht Thomas Manns erzählerisch raffiniertester Roman – und keinesfalls in einem Atemzug mit einem Nebenwerk wie *Königliche Hoheit* zu nennen, auch wenn er selbst dies gelegentlich getan hat.

Literatur

Assmann, Jan: Thomas Mann und Ägypten. Mythos und Monotheismus in den Josephsromanen, München 2006.

Heftrich, Eckhard: Geträumte Taten. Über Thomas Mann, Bd. III, Frankfurt a. M. 1993.

Kurzke, Hermann: Mondwanderungen. Wegweiser durch Thomas Manns Joseph-Roman, Frankfurt a.M. 1993.

Siefken: Goethe, «Ideal der Deutschheit» wiederholte Spiegelungen 1893-1949, München 1981.

Wysling, Hans: Thomas Manns Goethe-Nachfolge, in: Jahrbuch des freien deutschen Hochstifts 1978, S.498-551.

Das deutsche Sünden- und Schmerzenswerk

»Das eine Mal wusste ich, was ich wollte und was ich mir aufgab: nichts Geringeres als den Roman meiner Epoche, verkleidet in die Geschichte eines hoch-prekären und sündigen Künstlerlebens.« Thomas Manns Selbstdeutung aus dem Jahr 1949 (XI, 69) charakterisiert den 1947 in Stockholm und New York erschienenen Roman **Doktor Faustus. Das Leben des deutschen Tonsetzers Adrian Leverkühn erzählt von einem Freunde**, an dem er seit 1943 gearbeitet hatte, als allegorische Epochenbilanz, die den katastrophalen Verlauf deutscher Geschichte diagnostizieren und zugleich die eigene lebenslange Künstlerproblematik abschließend behandeln sollte. Anders als alle vorherigen Romane war dieser nicht »unter der Hand« ins große Format gewachsen, sondern von Anfang an groß, repräsentativ und historisch-allegorisch geplant.

Dabei konnte Mann auf eine über vierzig Jahre alte Idee zurückgreifen, die er in einer Notiz aus dem Jahr 1904 über die »Figur des syphilitischen Künstlers: als Dr. Faust und dem Teufel Verschriebener« festgehalten hatte: »Das Gift wirkt als Rausch, Stimulans, Inspiration; er darf in entzückter Begeisterung geniale, wunderbare Werke schaffen, der Teufel führt ihm die Hand. Schließlich aber *holt ihn der Teufel*: Paralyse...«[33]

Der damals festgehaltene Handlungskern, von der Biographie Friedrich Nietzsches angeregt, wird nun aktualisiert und in verschiedene historische, kunsttheoretische und literarisch-mythologische Kontexte gestellt, die ihrerseits Handlung und Hauptfigur mit vielfältigen Bedeutungen aufladen; ein Verfahren, das zweifellos hohe Komplexität erzeugt, aber auch schnell zu der Frage führt, ob der Aufstieg und die Schreckensherrschaft des deutschen Nationalsozialismus (als erklärter Zeit-Kern der Erzählung) darin eine adäquate und plausible fiktionale Entsprechung finden.

Erzählt wird, wie uns der altfränkisch verklausulierte Untertitel avisiert, zunächst die Lebens- und Leidensgeschichte des Komponisten Adrian Leverkühn, geboren 1885, der bis 1930 eine Reihe von avantgardistischen und innovativen Werken komponiert und damit die europäische Musik aus einer Phase der Stagnation in die Zukunft führen wird, während er selbst, in syphilitischer Paralyse und Demenz gefangen, noch ein Jahrzehnt lang seinem Tode entgegendämmert.

Und erzählt wird diese Geschichte von Adrian Leverkühns liebevoll bewunderndem Freund seit Kindertagen, dem bieder und humanistisch gesinnten Gymnasialprofessor Dr. phil. Serenus Zeitblom. Aus der Perspektive dieses Zeit- und Augenzeugen werden nicht nur die lebensgeschichtlichen Stationen Leverkühns rekapituliert: die Kindheit in der alten mitteldeutschen Kleinstadt Kaisersaschern, die frühe, höchst unkonventionelle Unterweisung in der Musik, sein akademischer Flirt mit der Theologie in Halle und sein leidenschaftliches Musikstudium in Leipzig, die Entscheidung für eine kompromisslose Künstlerexistenz, die schließlich den »Durchbruch« mit Hilfe eines »Teufelspaktes« erkauft bzw. in der radikalen Intensivierung künstlerischer Erfahrung und musikalischen Ausdrucks durch die syphilitische Infektion erlebt. (Die gewählte Erzählperspektive Zeitbloms belässt diesen »Pakt« auch im zentralen XXV. Kapitel, in dem der Künstler ein langes »Teufelsgespräch« führt, in einer reizvoll-ungewissen Balance zwischen Realgeschehen, Fiebervision und symbolischer Metapher).

Weiterhin lässt Zeitbloms Erzählung die verschiedenen geselligen, akademischen und künstlerisch-intellektuellen Milieus anschaulich werden, in denen er und Adrian sich seit ihren Studententagen kurz nach 1900 bewegen, und zeichnet damit Stationen und Aspekte eines Zeitgeists nach, der mehr oder weniger direkt dem Nationalsozialismus vorarbeitet, den wiederum Leverkühn nicht mehr bewusst erlebt. Diese Darstellung der 1920er Jahre stellt einen fast autonomen Handlungsstrang, einen Roman im Roman dar. In den Intrigen, Affären und privaten Tragödien einer aus Intellektuellen und Künstlern, Geschäftsleuten und Beamten nebst ihrem Damen bestehenden »besseren Gesellschaft« wird das facettenreiche Bild einer bereits historisch gewordenen Kultur gemalt. Hier begegnen dem Leser nicht nur Figuren aus dem Stefan-George-Kreis, oder ein fiktionalisierter Doppelgänger des völkischen Literaturhistorikers Josef Nadler; oder auch der vorgeblich überparteiliche Intellektuelle, der sich für jede »elementare« Zerstörung begeistern kann und damit den Aufstieg des Faschismus zwar nicht inhaltlich vorbereitet, den Widerstand gegen ihn aber substantiell aushöhlt; oder schließlich der akademische Spezialist – hier der Numismatiker Kranich – der tatenlos zusieht, wie der Nationalsozialismus die Kultur zerstört, in der sich sein Spezialistentum erst entwickeln konnte. Es ist ein erschütterndes Gesamtbild nicht nur der Münchner Gesellschaft vor 1933.

Im Gegensatz zu dem seit 1930 in geistiger Umnachtung dahindämmernden Leverkühn erlebt (und kommentiert) der Erzähler Zeitblom den realen Nationalsozialismus sehr konkret. Er beginnt seine Aufzeichnungen (so wie Thomas Mann seinen Roman) am 23. Mai 1943, einige Wochen nach der Niederlage in Stalingrad – und schließt sie, mit einem wahrhaften Stoßgebet, am 25. April 1945 ab, also wenige Tage vor der deutschen Kapitulation. Im Wechsel dieser beiden Erzählebenen konfrontiert der Roman die Vorgeschichte und das katastrophale Ende des Nationalsozialismus: Zeitblom hat das Resultat jener Entwicklungen schmerzlich vor Augen, die er erinnernd beschreibt. Sowohl er selbst (als fiktiver Biograph) wie der Autor weisen deshalb mehrfach auf diese Zeitgestaltung hin.

Thomas Mann tut dies vor allem in seinem 1949 publizierten, fast 200 Seiten starken Werkstattbericht *Die Entstehung des Doktor Faustus. Roman eines Romans.* Hier bringt er, jenseits der Romanhandlung und sie ergänzend, noch zwei weitere Erzählebenen ins Spiel: die Schreibgegenwart und Autorperspektive des exilierten Dichters, aber auch die künftige Rezeption seines Werkes in der (deutschen) Nachkriegszeit, die er bereits zu steuern sucht.

Die Gestaltung seiner Künstlerfigur als Faust-Figur und Musiker zugleich hat Thomas Mann als seinen entscheidenden Kunstgriff verstanden. Dabei geht es nicht nur um die Figur des Faustus, der letzte Erkenntnis, oder in diesem Falle: den radikalsten Kunstausdruck sucht, und dafür auch den Teufelspakt eingeht.[34] Der Rückgriff auf den »deutschesten« aller Mythen, nicht in Goethes Fassung, sondern in der des »Volksbuchs« *Historia von D. Johann Fausten* (1587), befördert die »altdeutsche« Stilisierung der Leverkühn-Figur, damit auch ihre Rückbindung an die deutsche Geschichte schlechthin, so dass sie letztlich als Allegorie für das »deutsche Schicksal«, und der Teufelspakt als Metapher für die nationalsozialistische Schreckensherrschaft verwendet werden kann.

Das archaisierende Faust-und-Teufel-Motiv ist nun aber auf eine zugleich faszinierende und widersprüchliche Weise mit der Thematik der Musik verknüpft. Im Werdegang, Werkprozess und in der absehbaren Wirkungsgeschichte Leverkühns spiegelt sich eine kreative Krise der Musikproduktion, die spätestens seit den 1920er Jahren – etwa unter dem Schlagwort vom »Schwerverständlichwerden der neuen Kunst« (Theodor W. Adorno)[35] – in den einschlägigen Kreisen diskutiert wurde. Mit den Kennzeichen einer zunehmenden Unzugänglichkeit der Werke bei gleichzeitiger Weiterentwicklung ihrer technischen Standards sind Leverkühns fiktive Werke (insbesondere Liederzyklen und Oratorien), die von Zeitblom, teils im Gespräch mit dem Künstler selbst, sehr genau beschrieben werden, durchaus ein stimmiges Modell der bürgerlichen Avantgardekunst und ihrer Problematik im frühen 20. Jahrhundert. Damit überschneidet sich die Musikdiskussion mit wichtigen Aspekten des literarischen Expressionismus. Erstaunlich ist das Verlangen des weltfremden, intellektualistischen Leverkühn nach einer Kunst »per du mit der Menschheit«, einer Kunst also, die nicht nur den Abstand zum normalen Kunstkonsumenten überwunden, sondern den Weg zu einer neuen, gefühlsmäßigen Volkstümlichkeit gefunden hat. Der literarische Expressionismus hat aus ähnlichen Antrieben sein »O Mensch!«- Pathos gepflegt – und sehr schnell abgenutzt. Für die Rezeption des Romans erweist sich dieses Thema als sehr mehrdeutig: In der DDR wurde Leverkühns Streben – wie der ganze Roman selber – später als explizit sozialistisch (miss)verstanden. Die Quelle dieser Vorstellung war aber, sowohl im Expressionismus wie bei Thomas Mann selbst, viel eher der amerikanische Freiheitsdichter Walt Whitman, dessen Pathos schon die Republik-Rede von 1922 inspiriert hatte.

Mann hat weiterhin auch Ideen, Material und Formulierungen reichlich aus der zeitgenössischen Musik- und Kunstdiskussion und aus persönlichen Gesprächen mit Adorno wie auch mit dem Komponisten Arnold Schönberg in Los Angeles geschöpft. Dass die musikalische Avantgarde – mit der tragischen Ausnahme Anton Weberns – 1933 bzw. 1938 aus Deutschland bzw. dem angeschlossenen Österreich emigriert war, versteht sich. So wird Schönbergs »Zwölfton- und Reihentechnik« (unter ausdrücklichem Hinweis auf seine Urheberschaft in einer Nachbemerkung zum Roman) auf die Leverkühn-Figur übertragen. Vor allem aus dem Manuskript von Theodor W. Adornos *Philosophie der neuen Musik* (gedruckt 1949) übernimmt Mann wesentliche Gedanken und nur wenig veränderte Textpassagen; er lässt sich von diesem auch persönlich in musikalischen Detailfragen beraten (bei »gutem,« von Gretel Adorno »häuslich aufgesetzten Fruchtlikör«, wie der Besucher im Tagebuch vermerkt). In diesem Zusammenhang fällt dann später auch Manns oft zitierte Bemerkung, in der er seine Schreibweise als »eine Art von höherem Abschreiben« bezeichnet.[36]

Tatsächlich entsprechen das Oeuvre und die ästhetischen Ideen des Komponisten Leverkühn sehr viel mehr Adornos als Manns persönlichem Musikgeschmack. Am Beispiel des *Zauberberg* war schon zu sehen, dass Mann die Krise des Romans zwar wahrnahm, aber nicht bereit war, auf seine eigene Stärke, ein selbstsicheres, variantenreiches, wenn auch gelegentlich problematisches Erzählen zu verzichten. Ähnlich in der Musik: Auch wenn theoretisch einzusehen war, dass nach etwa 1910 mit den Mitteln und Formen der hergebrachten Musik nicht mehr produktiv komponiert werden konnte, so musste dies bei weitem nicht heißen, dass der Musikliebhaber Thomas Mann sich nicht nach wie vor an den traditionellen Mitteln und Formen der Musik erfreuen durfte. Adornos Ästhetik, im Philosophischen wie im Musikalischen, entsprach nicht derjenigen Thomas Manns, auch wenn er die Kompetenz des jungen Philosophen aus Frankfurt nicht in Frage stellte und ihn in dieser und jener Weise im Roman verewigt hat – am deutlichsten als »Theoretiker und Kritiker, der selbst komponiert, soweit eben das Denken es ihm erlaubt« im so genannten Teufelsgespräch (VI, 317) .

Einen Ausweg aus der Kunstkrise sucht Leverkühn, ganz im Sinne Adornos, nämlich in der Verbindung von archaisierenden Formen und Ausdruckswerten mit bewusst kalkulierender Kompositionstechnik, in der »Vereinigung des Ältesten mit dem Neusten«, während Mann lebenslang dem Zauber der romantischen Musik bis hin zu Wagner verfallen ist. Aus Leverkühns Ansatz entstehen Werke, die dem Künstler zu Lebzeiten nur esoterischen Ruhm verschaffen, die Manns eigenem ästhetischem Programm fremd waren, für die Kenner jedoch die zukünftige Entwicklung markieren.[37]

Für den Roman ergibt sich daraus allerdings ein kaum auflösbarer Widerspruch Leverkühns »Neue Musik« ist seinem persönlichen Teufelspakt entsprungen, dem auf der historischen Ebene die Unterwerfung Deutschlands unter den Faschismus entspricht. Leverkühn stünde insofern auch für den faschistischen Ungeist; zugleich aber würde seine Musik in ihrer kompromisslosen Radikalität zweifellos unter das Nazi-Verdikt der »entarteten Kunst« fallen, worauf auch Zeitblom gelegentlich hindeutet. Problematisch ist also nicht so sehr die Beschreibung der Musikkrise als vielmehr ihre Parallelsetzung mit der historischen-politischen Allegorie. Problematisch ist aber auch, dass der tatsächliche Konnex zwischen Faschismus und Musik nicht behandelt wird, nämlich die enge Affinität zwischen der von Wagner und Richard Strauss vertretenen Tradition und dem Nazi-Regime selbst. Mann war selbstverständlich darüber informiert und verachtete die gegenseitige Vergötterung Hitlers und Bayreuths; das Thema passte aber konzeptionell nicht in seinen Roman und wurde ausgeklammert.

Ein sekundärer, aber dennoch wichtiger Themenstrang entstammt der Biographie und Wirkungsgeschichte Friedrich Nietzsches – ohne dass freilich der Name Nietzsche ein einziges Mal fällt (was wiederum sehr auf- und keineswegs zufällig erscheint, gerade wenn man die breiten

Kulturdebatten bedenkt, die im Roman geführt werden). Wichtige Episoden aus Nietzsches Leben (wie die Infektion bei einem frühen Bordellbesuch in Leipzig oder das Lebensende in der Obhut der alten Mutter) werden auf Adrian übertragen; dessen Künstler- und Identitätsproblematik lässt sich durchaus auch als Neufassung des (von Nietzsche vorgezeichneten) Widerstreits von Apollo und Dionysos, von Formwille und Rauschhaftigkeit, von Kunst und Leben verstehen, den Thomas Mann spätestens im *Tod in Venedig* klar herausgearbeitet und im Bewusstsein eigener Betroffenheit lebenslang variiert hat. Dass dabei das Apollinische nicht nur wie bei Nietzsche mit Schein, Illusion und schöner Form zu tun hatte, sondern mit Disziplin, von außen auferlegter Ordnung und mit Zwang, ist eine mehr als bedenkliche Wi̇derspiegelung der tatsächlichen Zeitverhältnisse. Schließlich war es der bedeutende expressionistische Lyriker Gottfried Benn, der sich 1933 zu dem Satz erdreistete: Der Geist, der in poetischer Form in Stefan Georges wunderschönem Herbstgedicht zu spüren sei, sei derselbe, der »im Kolonnenschritt der braunen Bataillone [d. h. der SA] als *ein* Kommando lebt«.[38] So war das kulturelle Klima beschaffen, das Mann zur Niederschrift von *Doktor Faustus* bewegte.

Trotz aller intellektuellen Faszination und streckenweise brillanten Erzählweise (besonders im virtuosen Einsatz des nur scheinbar tumben Erzählers) trägt der Roman, den Thomas Mann selbst als den »eigentlichen« Abschluss seines Lebenswerkes sah, also ein paar massive und unaufgelöste Widersprüche in sich. Neben der doppelten Diskongruenz von kunsttheoretischer und historisch-politischer Allegorie zählt dazu auch die allzu einseitige Erklärung des Nationalsozialismus aus der deutschen Geistesgeschichte bzw. der Krise der Kultur.

Weiterhin ist zu fragen, inwiefern der Roman *Doktor Faustus* selbst den Ansprüchen standhält, die er in seinen immanenten Kunstdiskussionen entwickelt. Thomas Mann bewegt sich mit diesem Roman, strukturell und erzähltechnisch gesehen, auf dem Niveau der klassischen Moderne der 1920er Jahre, indem er z. B. theoretische Kunst-Diskurse in die Erzählprosa integriert oder auch Spiegeleffekte zwischen dem Roman selbst und Leverkühns fiktiven Kompositionen (u. a. dem Alterswerk »Doktor Fausti Weheklag«) herstellt. Auch die Publikation der *Entstehung* als Para- und Metatext zum Roman gehört in diesen Zusammenhang. Den radikalen ästhetischen Forderungen, die etwa im Teufelsgespräch des XXV. Kapitels entwickelt werden (Zerstörung des schönen Scheins, Auflösung des Werkcharakters) unterwirft der Roman sich aber nicht. Thomas Mann verwendet vielmehr seine erprobten Stra-

tegien fiktionalen Erzählens mit großer Effektsicherheit und Meisterschaft, um die Erzählbarkeit seiner Geschichte, um das geschlossene
Werk zu retten. Er tut alles, um die strukturelle und thematische Kohärenz der Erzählung zu sichern, auch wenn das Werk inhaltlich diese
Kohärenz ableugnet. Das lässt sich im Detail auch an seiner Art der
Montage sehen, die zwar disparateste Realien (wie stets auch aus dem
persönlichen Umfeld und der Familiengeschichte) und Intertexte verwendet, aber nicht um die Erzählung zu verfremden oder zu unterbre-
chen, sondern um sie vielseitiger und plastischer zu machen, also im
Dienste der »epischen Integration«.

Unbestritten ist dennoch der literaturhistorische Rang des Romans
als markantes Werk der Spätmoderne. Publikationszeit und -ort gestalteten die frühe Rezeption jedoch schwierig, besonders in Nachkriegsdeutschland. Für die anstehende innerdeutsche »Vergangenheitsbewäl-
tigung« schien er als Beitrag eines »Außenstehenden« wenig hilfreich;
auch die junge Nachkriegsgeneration stand eher ablehnend zum Autor
und zur Aufklärungsabsicht dieses Werkes. Die politischen und mora-
lischen Urteile erscheinen einerseits zu abstrakt, fragten nicht konkret
genug nach Tätern, Schuld oder gar Opfern. Auch innerhalb des Romans
wäre es unmöglich, das Verhalten der beiden Söhne Zeitbloms (deutsche
»Jungmänner«, die bedenkenlos ihren Vater an die Gestapo verraten
würden) mit den Kategorien des Romans zu beschreiben, geschweige
denn zu erklären. Auch nimmt der Roman – nicht nur in der Figurenre-
de, sondern auch im Erzählerbericht, mit der Erwähnung von Greuel-
taten des Regimes – zu vielen Fragen (Kriegsschuld, Rolle der Sowjetunion usw.) Stellung, in denen die deutsche Öffentlichkeit (noch)
anderer Meinung war.

Aber auch die literarische und ästhetische Seite des Romans kam
schlecht an. Die Kunstdebatten des Romans wurzeln einerseits in den
1920er Jahre und waren in der so genannten »Stunde Null«, die keineswegs
den Anschluss an die klassische Moderne oder die Exilliteratur suchte,
kaum nachvollziehbar. Auch der Expressionismus war zwölf Jahre geäch-
tet gewesen; erst Anfang der 1950er Jahre versuchte ausgerechnet Gottfried Benn, mit einigem Erfolg, ihn einem breiteren Publikum wieder
bekannt zu machen. Einer jungen Generation von Autoren, Kritikern und
Lesern, die mühsam nach ihrem eigenen Ausdruck suchte, konnten die
Mehrschichtigkeit und Komplexität des Romans, aber auch der bildungs-
bürgerliche Habitus von Autor und Erzähler keine Anregungen geben.[39]

So wird Thomas Manns großer Altersroman in der Bundesrepublik
erst in dem Maße rezipiert und zunehmend positiv gewürdigt, in dem

seit Mitte der 1950er Jahre die großen Autoren der klassischen Moderne insgesamt (Franz Kafka, Alfred Döblin, Hans Henny Jahnn, der Thomas Mann des *Zauberberg*, Walter Benjamin, Marcel Proust, James Joyce) wieder entdeckt werden.

Literatur

Mayer, Hans: »Das Buch des Endes«, in: H.M.: Thomas Mann, Frankfurt a.M. 1980, S.271-327.

Voss, Lieselotte: Die Entstehung von Thomas Manns Roman »Doktor Faustus«, Tübingen 1975.

Wiegand, Helmut: Thomas Manns Roman »Doktor Faustus« als zeitgeschichtlicher Roman, Frankfurt a.M. 1982.

Zur Modernität von Thomas Manns »Doktor Faustus«. Thomas-Mann-Jahrbuch 2 (1989).

9

Zwei heitere Altersromane

Der Erwählte – so betitelt Mann einen »kleinen archaischen Roman«, den er zugleich als »Werkchen« einer »Spätkultur« charakterisiert. Ganz offenbar gilt eine Charakteristik dem Inhalt, die andere der literarischen Machart. Wie manch andere Arbeit zuvor war auch diese als kurze Novelle geplant und hatte erst beim Schreiben ihr Format gewonnen. Nach »den nur notdürftig aufgeheiterten Schrecknissen« des *Doktor Faustus* (schreibt der Verfasser 1947 in einem Brief), verspüre er das Bedürfnis, »bei düsterster Weltlage das Heiterste« zu erfinden, um »die Menschen [...] zu trösten – und zu erheitern«[38]. *Der Erwählte* erscheint dann im Frühjahr 1951 in einer amerikanischen und einer deutschen Ausgabe.

Düsterkeit und Heiterkeit mischen sich auch im Roman in einer nur wundersam auflösbaren, für die Leser aber höchst amüsanten Weise. Erzählt, oder besser: nacherzählt und ausfabuliert wird die legendenhaft überlieferte Geschichte des Papstes Gregor(ius) (historisch: Gregor I., 590-640): »sein Ursprung ist Schande, sein Leben Sünde und schonungslose Buße, sein Ende Verklärung durch die göttliche Gnade«.

Als namenloser Säugling entspringt er der sündhaften Liebe eines fürstlichen Zwillingspaares, wird in einem Boot ungetauft dem Meer überantwortet, von Fischern gerettet, auf einer der Kanalinseln vom Abt des dortigen Klosters auf den Namen Gregorius getauft und sorgsam erzogen; er folgt als Siebzehnjähriger dem Drang zu ritterlichen Abenteuern, befreit das Herzogtum Artois-Flandern vom ärgsten Feind und wird mit Hand und Bett der Herzogin belohnt (welche Erzähler und Leser längst als seine Mutter kennen). Nach einer dramatischen Erkennungsszene nehmen beide harte Buße auf sich: Sybilla unterhält ein Asyl für die Ärmsten und Elendesten; Gregorius aber harrt siebzehn Jahre lang auf einem Felsenriff im See aus, wo er von einer heimlichen Quelle mit »Erdenmilch« gespeist wird und bald auf die Größe eines »Igels« oder »Murmeltiers« schrumpft.

Inzwischen haben sich in der Hauptstadt der Christenheit zwei Papst-Aspiranten gegenseitig zugrunde gerichtet und die Gemeinde in Ratlosigkeit zurück gelassen. Ein Traumgesicht, das zwei römisch-christlichen Würdenträgern simultan widerfährt, bestimmt den Sünder auf seinem

Stein als den von Gott selbst «Erwählten», den es nun heimzuholen und auf Petri Stuhl zu setzen gelte. Dies geschieht, nach allerlei Wunderzeichen und der Wiedergewinnung seiner sehr ansehnlichen Menschengestalt, denn auch in triumphaler, überdeutlich und hochsymbolisch an den Einzug Christi in Jerusalem erinnernden Form. Nach seiner Inthronisierung, bei der wunderbarerweise alle Glocken der heiligen Stadt selbsttätig läuten, erweist Gregor sich schließlich als »ein sehr großer Papst«, dessen Weisheit und Milde der ganze Erdkreis bewundert (und der zu guter Letzt auch für seine sündige Mutter und die beiden gemeinsamen Töchter einen Weg in den Gnadenstand Gottes ebnet).

Manche Leser werden die großen Züge dieser Geschichte bereits aus dem XXXI. Kapitel von *Doktor Faustus* kennen, wo sie in der Fassung der spätmittelalterlichen Legendensammlung *Gesta Romanorum* als Textvorlage für eine Puppen-Oper Leverkühns dient. (Strukturell ist die Handlungslinie des *Erwählten* mit Sündenfall und göttlicher Erhöhung übrigens das genaue Gegenstück zu Fausts/Leverkühns Selbsterhöhung und finalem Höllensturz.) Die Nacherzählung folgt in den »Hauptzügen« (wie Thomas Mann ausdrücklich bemerkt) dem »Versepos ,Gregorius' des mittelhochdeutschen Dichters Hartmann von Aue«; für die anschaulichen Details der mittelalterlichen Lebens-, Glaubens- und Sprachwelt zieht Mann jedoch eine Fülle von anderweitigen Quellen (z. B. Wolfram von Eschenbachs *Parzival*) heran, so dass die erzählte Welt in ihren Grundlinien durchaus historischen Gegebenheiten, oder besser: den überlieferten Berichten und Beschreibungen entspricht, in vielen Einzelheiten aber ein frei kombiniertes Mosaik, eine Art von *patchwork*-Mittelalter darstellt.

Das wird an der Erzählweise und Sprachverwendung besonders deutlich. Mann lässt den Bericht von einem personifizierten Erzähler, dem irischen Mönch Clemens niederschreiben, der sich als Erzählprofi und Sprachrohr einer übergeordneten quasi-göttlichen Instanz vorstellt, die er den »Geist der Erzählung« nennt. Der Sprachstil von Erzähler und Figuren ist, naheliegenderweise, insgesamt archaisierend (wie auch schon in wichtigen Passagen des *Doktor Faustus*), und mischt lateinische, mittelhochdeutsche, altfranzösische, mittelenglische Ausdrücke (oder Anklänge daran, aber auch freie Erfindungen) zu einer Art gemeineuropäischem Mittelalter-Idiom. Dass damit reiche, insbesondere humoristische Möglichkeiten gegeben sind, macht spätestens das Plattdeutsch der normannischen Fischer deutlich, das wir bereits von den Lübecker Hafenarbeitern aus *Buddenbrooks* kennen. Der Erzähler selbst schwankt in seiner Grundhaltung zwischen Kirchentreue, mittelalterlichem Wunderglauben und einer subjektiven Gewitztheit, die ihm immer wieder deutliche Wertungen in die Feder diktiert, denen er durch eine punktgenau gesetzte moderne oder umgangssprachliche Wendung noch eine zusätzliche Pointe verleiht, nicht nur wenn es, ziemlich überraschend, um – Fußball geht (VII, 93). Wer solche Freiheiten kritisiere, meint Mann später, verstehe »nun überhaupt keinen Spaß«.

Bezeichnend für die Kontinuität von Manns Erzählweise ist die enge Parallele zwischen dem »Geist der Erzählung« – von dem schon auf der ersten Seite des Erwählten behauptet wird, er allein (und nicht etwa die Romanfiguren) läute die Glocken, die Gregorius' triumphalen Einzug in Rom begleiten – und der souveränen Erzählhaltung bereits in Buddenbrooks. (Dort wird – allem »Realismus« zum Trotz – der Auslöser für Leberecht Krögers Tod, ein »ganz harmloser« Feldstein, 1848 von der Hand »irgendeines Krischan Snut oder Heine Voß geschleudert« [I, 196], von der Erzählinstanz letztlich doch für sich beansprucht.) Der Erwählte setzt insofern eine längst erprobte und bewährte Technik fort.

Die Erzählweise bestätigt, was ohnehin anzunehmen war: Es geht Thomas Mann mit dieser Geschichte von Sünde und Gnade nicht etwa um einen christlich-theologischen Gehalt; allenfalls um einen Modellfall menschlicher Verstrickung (man kann die Geschichte Gregors ja auch als Variante der Ödipus-Handlung lesen, oder als weiteren Versuch im Stil der Joseph-Romane). Die religiöse Überlieferung sieht er als mythischen Urstoff an, den es erzählerisch zu »durchheitern« gilt. Das »Alte und Fromme, die Legende« wird hier »parodistisch belächelt«. Dabei spielt Literatur als Quelle von Literatur eine entscheidende Rolle, und es wäre nicht so ganz abwegig, den Erwählten auch den »Erzählten« oder gar den »Erlesenen« zu nennen.[41]

Thomas Manns letzter abgeschlossener (und nur pro forma noch eine Fortsetzung versprechender) Roman verdankt sich, ähnlich wie das Epochenwerk Doktor Faustus, einem Plan aus Jugendjahren und steht von daher im Zeichen der Künstlerproblematik: **Bekenntnisse des Hochstaplers Felix Krull. Der Memoiren erster Teil.** Er wendet sie freilich, anders als der Faust-Roman oder auch als Der Tod in Venedig, der die Arbeit am Felix Krull zunächst zum Stillstand kommen ließ (1910/11), ganz ins Spielerisch-Parodistische (ohne deswegen die mythologischen Bezüge zu opfern). Anregung zu diesem Plan bot, wie der Autor betont hat, »die Lektüre der Memoiren Manolescu's« (eines in Vorkriegseuropa prominenten Hochstaplers, erschienen 1905); und beim eigenen Vorhaben »handelte [es] sich natürlich um eine neue Wendung des Kunst- und

Künstlermotivs, um die Psychologie der unwirklich-illusionären Existenzform.« (XI, 122)

Der vorgebliche Verfasser der *Bekenntnisse* (schon der Titel zitiert Rousseau und Augustinus) ergreift »in völliger Muße und Zurückgezogenheit«, vermutlich also in einer Zuchthauszelle, »die Feder«, um seine »Geständnisse« (VII, 265) zu Papier zu bringen. Er tut dies in Wendungen, die auch an Goethes *Dichtung und Wahrheit* erinnern, die damit beschworenen Gattungsregeln aber schon dadurch unterlaufen, dass sie das »Goethisch-Selbstbildnerische-Autobiographische [...] ins Kriminelle [...] übertragen« (XI, 122). Der hoch angesetzte, ich-bezogene und selbstgefällige Erzählton kontrastiert von Beginn an und meist humoristisch mit der Banalität und Anrüchigkeit des Erzählten.

Vom Bankrott des Vaters, eines windigen Sektfabrikanten im Rheingau, über die ersten Täuschungen und Tricks schon im Kinderwagen und dann natürlich in der Schule führt eine gerade Linie bis vor die militärische Musterungskommission, von der Felix nach einem perfekt inszenierten Epilepsieanfall für »untauglich« erklärt wird. Nachdem er in Frankfurt unter den Fittichen einer gewissen Rosza die Zusammenhänge von Erotik und Erwerbsleben kennen und praktizieren gelernt hat, beginnt er, mit jugendfrischer Attraktivität und gefälligen Umgangsformen gesegnet, als Hotelboy in Paris seinen unaufhaltsamen sozialen Aufstieg. Der kulminiert im Rollentausch mit dem jungen Marquis de Venosta, unter dessen Name und mit dessen Portefeuille Felix nun die Welt bereisen soll, damit der junge Aristokrat selbst unter dem Namen »Kroull« und mit seiner geliebten Zaza dem süßen Halbwelt-Leben in Paris nachgehen kann. Der falsche Marquis wiederum lernt auf seinem Weg nach Lissabon den Museumsdirektor Kuckuck kennen, dessen paläontologische Vorlesungen ihn ebenso faszinieren wie bald darauf seine kecke Tochter Suzanne (Zouzou) und deren iberisch-imposante Mutter Maria, deren »wogender Busen« den jungen Helden am Romanschluss »ins Reich der Wonne« (VII, 661) trägt.

Schon auf den ersten Blick liegt die humoristische, in vielen Szenen drastisch komische Qualität der Erzählung zutage. Sprachlich resultiert sie aus dem Schwanken der Erzählstimme zwischen gravitätischer Selbstgefälligkeit und einem leichten, spöttischen Ton, der durchgängigen Unernst bei der Betrachtung der Welt und ihrer Menschen verrät. Die äußere Handlung wird durch Situationen und Effekte der Überraschung, Vertauschung und Verwechslung – quer zu Nationalitäten, Generationen und sozialen Schichten – strukturiert: Krull verwandelt sich in Venosta, aus Venosta wird Kroull, der eine liebt Zaza, der andere Zouzou, die zu guter Letzt noch von ihrer Mama ersetzt wird. Einerseits sind dies bewährte Effekte der Komödientradition; beim ersten Tennisspiel des großspurigen Debütanten darf man sogar von filmischen »Slapstick«-Effekten sprechen. (Thomas Mann war bekanntermaßen begeisterter und früher Kino-Fan, schon zu Zeiten des Stummfilms, und – wie erwähnt – mit Charlie Chaplin bekannt.) Andererseits lässt sich im spielerisch inszenierten Wechsel der Rollen und Erscheinungsformen nicht nur eine gängige Einsicht in der Vertauschbarkeit der gesellschaftlichen Rollen, sondern auch ein tiefer greifendes philosophisches Motiv schopenhauerscher Prägung erkennen, das Thomas Manns Lebenswerk insgesamt durchzieht: die prinzipielle Nichtigkeit der Individualität.

Verwunderlich wäre es, wenn der Autor, bei aller Faszination der spielerischen Oberfläche, seiner Gesellschaftskomödie nicht auch eine »mythopoetische« Tiefendimension verliehen hätte: Die Figur des liebenswürdigen Hochstaplers ist unübersehbar nach dem Muster des göttlich-selbstverliebten Jünglings Narziss gestaltet. Zugleich bietet sie eine weitere Verkörperung und Variante der Hermesfigur (hier als Gott der Diebe, als göttlicher Bote und Verführer, nicht so sehr als Todesbote wie in der Venedig-Novelle). Kaum weniger als die *Joseph*-Romane ist *Krull*, bei allem *fin-de-siècle*-Dekor, insgesamt durch mythische Wiederholung strukturiert.

Romantypologisch sind die *Bekenntnisse des Hochstaplers Felix Krull* als Kombination von Autobiographie und Schelmenroman angelegt; wobei der Bildungs- und Entwicklungsgedanke der Autobiographie permanent durch die Abenteuer des Schelms konterkariert wird, der alle Widerstände und Konflikte mit List und Tücke bewältigt, ohne dadurch aber jemals an Erfahrung oder Einsicht zu gewinnen. Auch dieser strukturelle Widerspruch löst sich immer wieder in komischen Effekten.

Eine literarhistorische Einordnung bleibt schwierig und mehrdeutig wegen der langen und diskontinuierlichen Entstehungszeit des Werkes (grob gesagt von 1910 bis 1914, mit einigen Vorabdrucken, z.B. 1911 und 1922; sodann wieder intensiv ab 1951). Manche Aspekte des Romans erinnern an den Expressionismus, deutlich ist auch die Nähe zu Kafkas Faszination durch das Hotelwesens, noch direkter die Parallelen zu Robert Walsers *Jakob van Gunten* (1909); insgesamt entwirft der Roman, fast stärker noch als der *Zauberberg*, das Bild einer Gesellschaft »vor dem großen Kriege«, einer »Welt von gestern« (Stefan Zweig, 1943/44).

Mit seiner zentralen Thematik von Identitätskrise und Rollenspiel fügt der Text sich aber auch auf überraschender Weise in die deutschsprachige Nachkriegsliteratur ein (im gleichen Jahr 1954 erscheint etwa

Stiller von Max Frisch) und erzielt in der frühen Bundesrepublik, trotz oder möglicherweise auch wegen einer gewissen erotischen Freizügigkeit, einen beträchtlichen Publikumserfolg, der durch die außerordentlich populäre Verfilmung von Kurt Hoffmann mit Klaus Buchholz als Hauptdarsteller (1957) noch verstärkt wurde.

Literatur

Hermsdorf, Klaus: Thomas Manns Schelme. Figuren und Strukturen des Komischen, Berlin/DDR 1968.

Jens, Walter. »Der Erwählte«. Über Thomas Mann und seinen Roman, in: Thomas Mann Jahrbuch 4 (1991), S. 89-98.

Stackmann, Karl: Der Erwählte. Thomas Manns Mittelalter-Parodie, in: Euphorion 53 (1959), S. 61-74.

Wysling, Hans: Narzissmus und illusionäre Existenzform. Zu den Bekenntnissen des Hochstaplers Felix Krull, Bern/München 1982.

Ortsbestimmung – literarisch und persönlich

Der Weltruhm Thomas Manns beruht ohne jeden Zweifel auf seiner Meisterschaft als Erzähler und besonders als Romancier. Doch hat er am Ende seines Lebens ein fast ebenso umfangreiches publizistisches und essayistisches Werk geschaffen, das mit vielen expliziten oder verborgenen Querbezügen auf seine Romane und Erzählungen verweist. Es dürfte deutlich geworden sein, wie Mann vor allem durch die allgemeine Politisierung im Schatten des Ersten Weltkriegs sich zu politischen Äußerungen gedrängt fühlte, die freilich von Anfang an sehr persönlich geprägt und mit kulturellen bzw. literarischen Überlegungen und Positionen eng verzahnt waren. Insofern ist eine Gruppierung dieses umfangreichen publizistischen Werkes in politische, literarische und autobiographische Schriften, wie sie hier aus praktischen Gründen vorgenommen wird, nicht völlig trennscharf. Zumeist vermischen und durchdringen sich die sachlichen Kategorien und die verschiedenen Intentionen des Verfassers im einzelnen Text.

So markiert, um ein wichtiges Beispiel exemplarisch herauszuheben, seine *Ansprache im Goethejahr,* die er 1949 wortgleich in Frankfurt am Main und in Weimar hielt (was an sich schon ein Politikum darstellte), zunächst eine wichtige Zäsur der deutschen Zeitgeschichte wie auch seine Absicht der *politischen* Einflussnahme. Zugleich werden die Person und das Werk Johann Wolfgang Goethes als maßgebliche *kulturelle* und *literarische* Orientierungen herausgehoben – und zwar sowohl für den Redner selbst (der im gleichen Jahr den Frankfurter Goethe-Preis entgegennimmt und in der Presse gelegentlich als »Stellvertreter Goethes auf Erden« ironisiert wird) als auch für das in Trümmern liegende und politisch geteilte Deutschland. Die *autobiographische* Dimension wird schließlich ausdrücklich hervorgehoben und reflektiert – nicht zuletzt die Tatsache, dass der exilierte Nobelpreisträger und amerikanische Staatsbürger nun gegen seine ursprüngliche Absicht wieder deutschen Boden betreten hat, um in Ost und West diese Rede zu halten.

Essays zur Literatur, zur Musik und Philosophie nehmen einen wichtigen Platz in Manns Gesamtwerk ein. Damit sind nicht so sehr die zahlreichen kleinen Gelegenheitsschriften gemeint (wie Vor- und Nach-

worte, Besprechungen und Nachrufe), die sich persönlicher Verbundenheit, kollegialer Verpflichtung oder auch dem Wunsch der Rezeptions-
lenkung verdanken. Thomas Mann entwickelt vielmehr, vor allem in der
zweiten Hälfte seines Schaffens, und oftmals parallel zu den jeweiligen
Romanprojekten, eine »repräsentative«, kompositorisch gerundete und
stilistisch differenzierte, mit zahlreichen »Lesefrüchten« angereicherte,
insgesamt recht leserfreundliche Form des literarischen Essays. Darin
behandelt er, oft aus Anlass eines Jubiläums und in der kommunikativen
Form der öffentlichen Ansprache, wichtige Figuren der Literatur- und
Kulturgeschichte, die (zumeist) für sein eigenes Weltbild und Werk oder
(seltener) für die allgemeinen kulturell-politischen Debatten der Zeit
wichtig waren. Charakteristisch auch für diese zweite Variante sind etwa
die beiden Versuche über Sigmund Freud von 1929 und 1936.

Zentraler Blickpunkt bleibt aber stets, ausgesprochen oder nicht, die
inspirierende oder prägende Wirkung des jeweiligen Dichters, Philosophen oder Musikers auf den Essayisten selbst, sein Denken und Schaffen. Die intellektuelle Haltung dieser Versuche, das unterscheidet Thomas Mann von anderen zeitgenössischen Essayisten, ist nicht die
unbeteiligt-kritische Analyse, das Gedankenexperiment oder Denkbild,
sondern die nachfühlende, auch überprüfende Rekonstruktion der jeweiligen literarischen Wirkung: also eine reflexive Form der Aneignung
(oder auch der Anverwandlung) und der Selbstvergewisserung. Die be-
handelten Werke, ihre biographischen und geistesgeschichtlichen Kontexte werden ihm (auch durch Studium von Fachliteratur) bis in Einzelheiten sehr vertraut; hingegen bleibt der Kanon der Werke und Autoren
vergleichsweise eng und konstant. Seine Lektüre war in vielen Fällen
zufällig und improvisiert. Er staunte zu Lebzeiten gern und ein wenig
kokett über die Menge an Literatur, deren Lektüre ihm die Kritik nach-
sagte. Die formale Variationsbreite dieser Versuche ist ebenfalls einge-
schränkt und reicht von der systematischen Einführung in ein Denksys-
tem (als Beispiel: *Schopenhauer*, 1938) bis zum strukturell offenen,
autobiographischen Reisejournal oder Lektüretagebuch (*Pariser Rechenschaft*, 1926; *Meerfahrt mit Don Quijote*, 1934).

Bereits in den *Betrachtungen eines Unpolitischen* (1918) hatte Mann
sich schon ausführlich mit jenem »Dreigestirn ewig verbundener Geister« befasst, das nicht nur ihn geprägt habe, sondern »mächtig leuchtend
am deutschen Himmel hervortritt [...]. Schopenhauer; Nietzsche und
Wagner«. Auf alle drei kommt er später wieder zurück: im erwähnten
Schopenhauer-Essay, oder in Form einer historisch-kritischen Überprü-
fung in schwieriger Zeit (*Nietzsches Philosophie im Lichte unserer Erfah-*

rung, 1948), und schließlich in einer ganzen Reihe von Aufsätzen über die *Kunst Richard Wagners* (so schon 1911), von denen **Leiden und Größe Richard Wagners** (1933) nicht nur wegen des Erscheinungsjahres am wichtigsten ist. Hier findet sich die vielzitierte Formel vom verhängnisvollen »Weg des deutschen Bürgertums« zu »einer resignierten, machtgeschützten Innerlichkeit« (IX, 419), die auch als Selbstkritik an früheren Positionen des »unpolitischen« Verfassers gelesen werden kann.

Beim Blick auf die schöne Literatur stehen die deutsche Klassik und Romantik ganz eindeutig im Zentrum; es finden sich Reden und Aufsätze u. a. über Gotthold Ephraim Lessing und Heinrich von Kleist, August von Platen und Adelbert von Chamisso. Eine starke persönliche Zuneigung Thomas Manns galt immer schon der »heiligen« russischen Literatur und drückt sich noch in späten Arbeiten aus (*Versuch über Tschechow*, 1954; *Dostojewski – mit Maßen*, 1946). Sehr früh aber schreibt er schon über den russischen Autor, der für ihn selbst am ehesten Modellcharakter hatte – im Aufsatz über **Goethe und Tolstoi** (1925). Wichtige Autoren der klassischen Moderne, also mindestens gleichrangige Zeitgenossen, spielen hingegen nur eine marginale Rolle (etwa: *Zur amerikanischen Ausgabe von Kafkas »Schloß«*, 1941), werden von Mann so gut wie völlig ignoriert (»Proust oder ähnlich...«) oder, wie der kalifornische Nachbar Brecht, mit herzhafter (und erwiderter) Antipathie bedacht.

Bemerkenswert ist hingegen der frühe Essay **Der alte Fontane** (1910), in dem Mann seinen unmittelbaren Vorgänger (der üblicherweise als preußisch-patriotischer Adelsdichter missverstanden wurde), als »Ästheten« deutet und überraschend einfühlsam auf das Problem des literarischen Altersstils eingeht. Auch Theodor Storm wird mit großer, nicht nur regional begründeter Sympathie gezeichnet (1930). Dies geschieht zu einer Zeit, da Thomas Mann zunehmend bestrebt ist, die bürgerliche Literatur und Kultur als humanes Erbe vor dem Ungeist des Faschismus zu retten, den er inzwischen durchschaut.

Dies gilt umso mehr von der kontinuierlicher Auseinandersetzung mit Johann Wolfgang von Goethe, der zweifellos im Mittelpunkt seiner literarischen Bemühungen steht. Mit dessen Werken ist er – in zeitgenössisch konventioneller Form – schon früh vertraut. Seine Beziehung zu Goethe vertieft sich jedoch lebensgeschichtlich und wird dann unter wechselnden thematischen bzw. zeithistorischen Akzenten angesprochen. Die großen Essays der Weimarer Republik, insbesondere zum Goethejubiläum 1932, stellen die kulturpolitische Dimension in den Vordergrund, um einem nationalistischen Klassiker-Kult zu opponieren: neben dem bereits erwähnten *Goethe und Tolstoi* (1925) vor allem **Goethe als**

Repräsentant des bürgerlichen Zeitalters (1932) und *Goethes Laufbahn als Schriftsteller* (ebenfalls 1932; in Anlehnung an eine Formulierung des demokratischen Vordenkers Ralph Waldo Emerson). Man darf sie zugleich auch als gedankliche Vorbereitung des Exilromans *Lotte in Weimar* (1939) verstehen, in dem Thomas Manns Goetherezeption dann ihren Gipfelpunkt findet. Der Vortrag über *Goethe und die Demokratie*, den Mann im folgenden Goethejahr, also 1949 in Oxford – und die oben erwähnte *Ansprache im Goethejahr 1949*, die er sowohl in Frankfurt am Main wie auch in Weimar hält, lassen sich vielleicht eher seinen politischen Schriften zurechnen.

Es sind, bei Goethe wie bei den meisten anderen Autoren, die Thomas Mann behandelt, nicht so sehr die Werke selbst, sondern die jeweilige »Persönlichkeit« und ihre »Haltung«, die ihn faszinieren und die er einfühlsam zu ergründen sucht. Er fasst solche Arbeiten gern unter Titeln wie *Leiden und Größe der Meister* zusammen: Dies ist – Berlin 1935 – das vorerst letzte in Deutschland erscheinende Buch Thomas Manns. Im Falle Goethes ist es das bürgerliche Leistungsethos, mit dem dieser seine Werke sowohl den Mühen des Alltags wie auch den Gefährdungen des Dämonischen abringt und so das Werk zum eigentlichen »Leben«, das Leben aber zu einem »Werk« werden lässt – eine Haltung, die Thomas Mann lebenslang bewundert und selbst erklärtermaßen anstrebt. Dass auch hinter dem gelungenen Werk ein gefährdeter Künstler steht, war für Mann eine vertraute Selbsterfahrung, die er zum Kern seiner Goethe-Deutung macht und die (jenseits von Sozialgeschichte und Autoreneitelkeit) seine wachsende Identifikation mit dem Frankfurter Bürgersohn und Weimarer Klassiker möglich macht. Deutlich genug reklamiert er dessen bilanzierendes Verslein denn auch als eigene Maxime: *Wohl kamst du durch; so ging es allenfalls. – / Mach's einer nach und breche nicht den Hals!*

Weniger kontinuierlich, aber ebenso tiefgreifend ist seine Auseinandersetzung mit Friedrich Schiller, bei dem er das Moment der existenziellen Gefährdung, aber auch die Unbedingtheit der idealistischen Entwürfe stärker hervorhebt. Manns letzter großer Essay **Versuch über Schiller** (1955) greift Motive der frühen Schiller-Erzählung *Schwere Stunde* (1905) auf, die man auch als monologisch fiktionalisierten Essay lesen kann. Frühe Begeisterung und der aktuelle Auftrag zur Festrede durchdringen sich – über ein halbes Jahrhundert hinweg – ebenso wie intensives Quellenstudium und eine zukunftsorientierte Perspektive.

In Anlehnung an Schillers Entgegensetzung von »naiver« und »sentimentalischer« Poesie, oder auch von Idealismus und Realismus, bildet

Thomas Mann in wechselnden Kontexten typische Gegensatzpaare: also Goethe und Schiller, Tolstoi und Dostojewski (oder auch Thomas und Heinrich Mann). Durchweg ist spürbar, wie sehr der Autor solcher Positionierungen und Typologien bedarf, um seinen eigenen Ort zu bestimmen. In ihrer subtilen Balance zwischen biographisch-psychologisierender Literaturkritik, der Geistesgeschichte und dem persönlichen Bekenntnis vermögen diese Essays aber auch heute noch reizvolle und aufschlussreiche Lesererfahrungen zu vermitteln.

Auch die autobiographischen Schriften lassen sich wohl gruppieren, aber nicht ganz eindeutig von den politischen und literarischen trennen. Thomas Mann hat weder eine repräsentative Autobiographie noch ein Memoirenwerk im engeren Sinne verfasst, wohl aber eine Fülle von einschlägigen Gelegenheitstexten kleineren und mittleren Formats, darunter mehrere »Lebensabrisse«, und zahlreiche autobiographisch fundierte Kommentare zu eigenen Werken und ihrer Entstehungsgeschichte. Daneben hat er vielfache und ausführliche Briefwechsel gepflegt und von der Schulzeit bis wenige Tage vor seinem Tode Tagebücher geführt, diese zu großen Teilen jedoch selbst vernichtet.

Dass er als Erzähler persönliche Erlebnisse aller Art fiktionalisiert und auch kleinste Details, oft erst nach langer Zeit, für seine Romanwerke verwendet (und dies Verfahren dann wiederum gern offen gelegt und kommentiert) hat, ist seinen Lesern ebenso bekannt wie seinen Zeitgenossen, denen die Schärfe von Manns Gedächtnis und seine zwanghafte Beobachtung der Bekannten (wenn nötig mit Hilfe eines Opernglases) oft nicht geheuer war. Seine politische Publizistik schließlich besteht weitgehend aus kulturell-politischen Standortbestimmungen, die unvermeidlich ins Autobiographische hinüberspielen; andererseits verwenden die eindeutig autobiographischen Texte vielfach erzählerische Stilelemente und Fiktionalisierungen. Sie dienen oft (ähnlich wie die Briefe) als Probebühnen für Konstellationen und Formulierungen, die später das Erzählwerk tragen.

Spätestens mit dem *Lebensabriß* (1930) verfasst und verwendet Mann derartige Texte im Bewusstsein seiner »repräsentativen« Rolle, oft auch mit dem Ziel, die Rezeption einzelner Werke zu steuern, darüber hinaus aber sein Leben und Werk als Einheit zu stilisieren, seine literarische und politische Entwicklung (deutlich nach Goethes Vorbild) als Entfaltung und Entelechie zu präsentieren.

Dabei entziehen sich diese Texte weder der politischen *Forderung des Tages* (so der Titel eines politischen Essaybandes von 1930) noch den Selbstdarstellungswünschen des Autors. Sie wenden sich (oft in Form der

Ansprache oder des offenen Briefes) an bestimmte Adressatengruppen, wobei die geistigen Dimensionen und Ansprüche der Texte oftmals in keinerlei Verhältnis stehen zu den alltäglichen Anlässen. Der frühe Kurzessay *Bilse und ich* (1906) richtet sich an das Lübecker Publikum und soll die *Buddenbrooks* gegen den dort erhobenen Vorwurf verteidigen, sie seien in denunziatorischer Absicht, als Schlüsselroman geschrieben (das Ganze ging auf den Protest eines Onkels zurück, der sich in der Figur Christian Buddenbrooks der Lächerlichkeit preisgegeben fühlte). Aus diesem Anlass entwickelt der Text aber eine Ästhetik des Schreibens, die für Manns Gesamtwerk von einiger Geltung blieb.

Unter dem Titel *Auseinandersetzung mit Richard Wagner* (1911) antwortet er auf eine Zeitungsrundfrage, reklamiert zugleich die Wagner-Nachfolge für sich selbst und hat die Arroganz oder das Selbstbewusstein, seinen Erstlingsroman in die Tradition des »Nibelungenrings« zu stellen. Auch ein gelegentlicher Korrespondentenbericht *Über Musik in München* (1917) bietet Gelegenheit, erneut auf die Bürger-und-Künstler-Thematik einzugehen und ganz nebenbei den Künstler als »moderne[n] Leistungsethiker« zu definieren (womit der Münchner Generalmusikdirektor Bruno Walter ebenso charakterisiert ist wie Gustav von Aschenbach aus dem *Tod in Venedig* und dessen Schöpfer selbst).

Anspruchsvoller und substanzieller ist die Rede mit dem berühmt gewordenen Titel **Lübeck als geistige Lebensform** (zum siebenhundertjährigen Stadtjubiläum 1926), die – reichlich mit Selbstdeutungen und -zitaten gespickt – vor allem Manns eigene Verwurzelung in der bürgerlichen Tradition thematisiert. Ebenso wie die ausführlichen Schilderungen von Herkunft und Bildungserlebnissen im Kapitel »Einkehr« der *Betrachtungen eines Unpolitischen* lieferte auch die Lübecker Rede der Thomas Mann-Kritik und der Literaturwissenschaft Hintergrundinformationen und Deutungsmuster vor allem für den frühen Roman (teils in fragwürdiger Übernahme von Thesen des völkischen Literaturhistorikers Josef Nadler).

Andere Texte sollen dem Lesepublikum und der Öffentlichkeit bestimmte Etappen in Manns literarischem Werdegang verdeutlichen oder die Lektüre und Interpretation eines bestimmten Werkes stimulieren und lenken – am deutlichsten in dem als eigenständiges Buch publizierten Werkstattbericht **Die Entstehung des Doktor Faustus** (1949)**,** der auch die faktische Mitautorschaft Theodor W. Adornos würdigt. Schon zu Beginn seiner amerikanischen Zeit, als Gastprofessor an der Princeton University, hatte Thomas Mann seine obligatorische Vorlesung unter dem Titel **On Myself** (1940) zu einer großangelegten, psychoanalytisch

aufgeklärten Bestandsaufnahme und Interpretation seines erzählerischen Schaffens von den frühen Novellen bis zu den *Joseph*-Romanen
genutzt; die Thomas Mann-Forschung verdankt dem Text nützliche Fin-
gerzeige, aber auch einige Interpretationsvorgaben, die kritisch zu betrachten bleiben

Ähnliche Ambivalenzen treten auch in den zahl- und umfangreichen
Briefen bzw. Briefwechseln hervor, die Mann als Teil des täglichen Ge-
schäftes verstand und gewissenhaft pflegte (sofern das in seinem persönlichen und strategischen Interesse lag). Schon in den frühen und faszi-
nierend offenen Jugendbriefen (besonders an den Lübecker Freund Otto
Grautoff) mischen sich persönliche, ja intime Aspekte mit literarisch-
strategischen (wenn Mann z. B. erwünschte Rezensionen seiner Werke
vorformuliert). Von Bedeutung sind weiterhin die Briefwechsel mit dem
Schweizer Literaten Paul Ammann (im Umkreis der *Betrachtungen eines
Unpolitischen*), sowie mit Heinrich Mann, in dem sich der Verlauf des
Bruderkonflikts abbildet. Ernst Bertram, enger Freund der Familie, Ger-
manistikprofessor in Köln und später bekennender Nationalsozialist, ist
in den 1920er Jahren unverzichtbar für den Gedankenaustausch und die
»Zitatbeschaffung«.

Unter zeitgenössischen Autoren von Rang ist Herrmann Hesse der
wichtigste Korrespondent; 1936 hält er dem Kollegen Mann sehr ent-
schieden vor, dass er noch nicht für die literarischen Emigranten eintre-
te. Der ungarische Mythenforscher Karl Kerényi begleitet ab 1934 in
einem intensiven Briefwechsel die Niederschrift des Romanwerks *Joseph
und seine Brüder*. Erwähnenswert sind ferner noch der Briefwechsel mit
dem Verleger Gottfried Berman Fischer, der ganz von den politischen
und ökonomischen Schwierigkeiten des Verlages nach 1933 dominiert
ist, sowie seit 1937 die freundschaftlich-vertraute Korrespondenz mit
Agnes E. Meyer, der persönlichen Mäzenin und Schirmherrin von Thomas Manns amerikanischem Exil.

Ein **Tagebuch** hat Thomas Mann von seiner Gymnasiastenzeit bis
wenige Tage vor seinem Tode geführt. Den »fliehenden Tag« festzuhalten,
»weniger zur Erinnerung [...] als im Sinn der Rechenschaft« (11. II. 1934)
war ihm ein starkes Bedürfnis; mit einem der Herausgeber darf man
sagen, dass sie »lebenswichtige Funktion« besaßen. Die dicken, in Wachs-
tuch gebundenen Schreibhefte mit den Notaten in deutscher Schrift hielt
Mann streng verschlossen; sie waren in keiner Weise für andere Leser
gedacht. (Daneben führte er stärker auf einzelne Schreibvorhaben bezo-
gene »Notizbücher«, die ihrerseits Anfang der 1920er Jahren durch Kon-
volute mit »Arbeitsnotizen« abgelöst wurden.) Von den Tagebüchern

hat Mann zahlreiche Jahrgänge verbrannt, und zwar bereits 1896 in München die der Jugendzeit (ironisch spricht er von einer »Säuberung«); sodann im Mai 1945 in Pacific Palisades u.a. die Jahrgänge von 1922 bis 1932 (nachdem er sie zunächst vor den Nazis gerettet und sodann für die Schilderung der Jahre, die Adrian Leverkühn im krisenumwitterten München verbringt, ausgeschlachtet hatte). Die Edition der erhaltenen Tagebücher 1918 bis 1921 sowie 1944 bis 1955 erfolgte gemäß einer handschriftlichen Verfügung aus dem Jahr 1952 erst »20 years after my death«, von 1977 bis 1995.

Auch hier ist unübersehbar, wie sehr diese Aufzeichnungen – bzw. die festgehaltenen Erlebnisse – auf das »Lebens-Werk« des Autors hin orientiert sind. Nur scheinbar spricht dagegen, dass weite Passagen der Tagebücher die alltäglichen Abläufe und banalen Details sorgsam registrieren. Die erledigte Korrespondenz, »Rasur und Maniküre«, Appetit und Speisefolgen, »ungehörige Darmverhältnisse«, die Beschaffenheit der Unterwäsche und immer wieder, zweifellos obsessiv, die eigenen Stimmungen und körperlichen Befindlichkeiten füllen Seiten um Seiten. Auch interessante Begegnungen, etwa bei einem Transatlantikflug mit der Swissair, werden verewigt: »Die Stewardeß berühmte Jodlerin« (1. X. 1951). Das Tagebuch ist aber auch der einzige Ort, an dem Thomas Mann sich erstaunlich unverstellt über seine sexuellen Empfindungen, insbesondere seine homosexuellen Wünsche, den lebenslang praktizierten Verzicht und die daraus entspringenden seelischen Nöte ausspricht – und zwar bis ins hohe Alter.[42]

Neben der schonungslosen Selbstanalyse legen die Tagebücher aber auch eine ebenso unverblümte Eitelkeit und Überempfindlichkeit gegen Kritik bloß – die Kehrseite seiner »Repräsentativität« und Ausdruck bisweilen überreizter Sensibilität. Der Unterschied zu anderen Schriftstellern liegt dabei sicherlich weniger in dieser Eitelkeit an sich als in der unvermittelten, kaum zensierten Niederschrift seiner intimsten Gefühle.

Derartige Gesichtspunkte haben bei der Publikation der Tagebücher das lebhafteste Interesse und außergewöhnlich umfangreiche Rezensionen hervorgerufen. Und auch die ambivalente Haltung des Diaristen selbst: teilweise Zerstörung, Sperrung und faktische Aufforderung zur posthumen Publikation, also eine Dialektik von Verbergen und Entblößen, mochte die Neugier steigern. Dagegen sollte man sich der Mahnung eines Kritikers erinnern, das Intimste und Innerste sei nicht in solchen Notizen, sondern in den Werken zu suchen. Das entspräche jedenfalls auch dem Selbstverständnis Thomas Manns, der vor allem bei seinen prekären Künstlerfiguren, von Aschenbach im *Tod in Venedig* bis zu Leverkühn im *Doktor Faustus,* auf das »Geheimnis ihrer Identität«, also auf den autobiographische Kern hingewiesen hat.

Johann Wolfgang von Goethes berühmte Wendung, seine Werke seien »Bruchstücke einer großen Konfession«, hat Thomas Mann umstandslos auf sich übertragen und gern verwendet. Wo aber in seinen Schriften »Dichtung« beginnt und ob dann die »Wahrheit« verstummt, diese Frage ist im Korpus von Manns Schriften zur eigenen Person oftmals schwer unterscheidbar, was ihrem literarischen Reiz jedoch in keiner Weise abträglich ist.

Literatur

Eder, Jürgen: Thomas Mann: Briefwechsel mit Schriftstellern, in: Thomas-Mann-Handbuch. Hrsg. v. Helmut Koopmann, 3. Aufl. Frankfurt a.M. 2005, S. 742-771.

Jens, Inge und Walter: Die Tagebücher, ebda., S. 721-741.

Renner, Rolf Günter: Literarästhetische, kulturkritische und autobiographische Essayistik, ebda., S. 629-677.

Die »Wirkung« des Zauberers. Ein Streiflicht

Auch bei einem bloß flüchtigen Blick auf die so genannte »Wirkung« eines Autors – also die Aufnahme seiner Werke beim Lesepublikum, bei Kritik und Literaturwissenschaft, seine Rolle in der Öffentlichkeit, seinen Einfluss auf andere Autoren, schließlich seine Position im literarischen »Kanon« und im kulturellen Gedächtnis – können einige Vorüberlegungen hilfreich sein.

Im Falle Thomas Manns müssten sie etwa so lauten: Er hat, aufgrund seiner langen Lebensdauer und Produktivität, *erstens* weite Zeitspannen seiner Wirkung selbst miterlebt (in diesem Fall wirklich wie Goethe), historisch vom Kaiserreich bis zum Kalten Krieg, literaturgeschichtlich vom Naturalismus bis zur Nachkriegsliteratur. Wir dürfen also historisch wechselnde und generationsspezifische Reaktionen auf und Meinungen über ihn erwarten. Und er hat seine Wirkung *zweitens* bewusst und energisch beeinflusst und zu steuern gesucht; dem dienen die zahllosen Eigenkommentare, nicht nur die umfangreichen Paratexte von *Bilse und Ich* bis zur *Entstehung des Doktor Faustus*. Literaturkritik und Germanistik könnten ihr Problem damit haben, sich von diesen Vorgaben des Meisters zu emanzipieren. Diese »eingreifende« Haltung wird *drittens* kompliziert durch die enge Bindung seines literarischen Werkes an die zeithistorischen Ereignisse, zu denen er Stellung bezieht, oder anders gesagt: durch seine Doppelrolle als »Dichter« und als »öffentliche Person«. Dadurch erfährt er – vom Lobpreis bis zur Schmähung – mehr und andere Reaktionen von Zeitgenossen und Nachwelt als ein ganz auf seine Kunst konzentrierter und in ihr befangener Autor. In einem bestimmten historisch-politischen Kontext kann z. B. Thomas Manns *literarische* Wertschätzung dadurch blockiert werden, dass man seine *politische* Position ablehnt (z. B. in Nachkriegswestdeutschland), in einem anderen ermöglicht gerade diese Position eine sonst nicht nachvollziehbare Hochschätzung des Werkes (z. B. in der SBZ und DDR).

In all diesen Aspekten unterscheiden sich die Vorgaben und der Verlauf von Thomas Manns Rezeption und »Wirkung« also fundamental – um diesen Vergleich noch einmal zu bemühen – von denen seines Zeitgenossen Franz Kafka, dessen Wirkungsgeschichte noch breiter und vielschichtiger ausfällt, aber von anderen, fast konträren Faktoren bestimmt wird.

Richten wir den Blick zunächst auf den Dichter als jungen Mann, so ist anzunehmen, dass der frühe Thomas Mann seine Leser nicht in »seinem« Bürgertum, sei es traditionell oder »dekadent«, gefunden hat, sondern in deutlich jüngeren und großstädtischen, intellektuell und ästhetisch orientierten Schichten, die mit dem Lebensstil der Familie Buddenbrook nichts mehr gemein hatten. Für die Gruppierung der Expressionisten, die um 1910 die literarische Bühne betrat, blieb Mann hingegen uninteressant, sein psychologisch kühl zergliedernder Blick und ihr brennendes Pathos waren kaum verträglich.

Manns politische Stellungnahmen, besonders seine Wandlung vom Nationalchauvinisten zum Vernunftrepublikaner, brachten ihm größere Beachtung, rückten seine Rezeption aber auch unter den Zwang der Parteilichkeit – der dann etwa seinen politischen Gegnern die Achtung vor der künstlerischen Leistung verbot. So standen die Autoren der so genannten Frontgeneration, die seine Wende kritisierten, als Autoren offensichtlich in seiner Schuld; ältere Schriftsteller, die ihnen ideologisch nahe standen wie Gustav Frenssen oder Hans Grimm taugten ersichtlich nicht mehr als literarische Modelle. Charakteristisch ist eine nachträgliche Bemerkung des klugen Ernst von Salomon aus dem präfaschistischen Freikorpsmilieu: Er und seine Genossen, die johlend Thomas Manns »Verrat am deutschen Geist« attackierten, stünden »in keinem näheren Verhältnis« zu ihm »als dass sie alle von ihm zu schreiben gelernt hatten«.[43]

Die Modernisierung der deutschen Erzählprosa durch *Buddenbrooks* (gemessen etwa am psychologisch uninteressierten Gustav Freytag oder selbst an Theodor Fontane, dem Meister des Gesellschaftsromans[44]) hat der nachfolgenden Generation offensichtlich einen befreienden, dem Alltag zugewandten Realismus ermöglicht, auch wenn sie ihn zu eigenen Zwecken verwendete. Im europäischen Horizont ist das natürlich eine längst überfällige, nachholende Modernisierung, von der man schon um 1840 träumte, die wesentlich aber erst durch Heinrich und Thomas Mann realisiert wurde, bei dem einen im Zerrspiegel der Satire, beim anderen im nur scheinbar objektiveren Licht des naturalistisch-psychologischen Romans.

Links stehenden Autoren und Kritikern in der Weimarer Republik erschien Manns Werk weltfremd, gedrechselt und steril. Walter Benjamin, der einfühlsam Wegweisendes über Kafka, Döblin, Brecht schreibt und sich auch mit Jünger auseinandersetzt, blendet Mann fast vollständig aus. Brecht selbst reagiert 1930 eher höhnisch:

Der Dichter gibt uns seinen Zauberberg zu lesen.
Was er (für Geld) da spricht, ist gut gesprochen.
Was er (umsonst) verschweigt: die Wahrheit wär's gewesen.
Ich sag: Der Mann ist blind und nicht bestochen.[45]

Brechts Ablehnung ist über die wechselseitig persönlichen Aversionen hinaus, die auch im unterschiedlichen Autoren-Habitus wurzelten, aussagekräftig. Sie lässt ein prinzipielles Desinteresse Brechts und seines Kreises an Fragen der Ethik, der individuellen Verantwortung und Lebensführung erkennen, die das Werk Manns unleugbar grundieren, wie auch an der subtilen Integration von Individualpsychologie und Erzählung, die dieser immer weiter perfektioniert. Das steht natürlich in scharfem Kontrast zum neusachlichen Funktionalismus, zur behavioristischen Psychologie und zur marxistischen Klassentheorie, von denen Brecht in der Zwischenkriegszeit mehr oder weniger geprägt war.

Dieser Gegensatz verstärkte aber eine Tendenz der Literaturkritik, an Thomas Mann (und besonders am *Zauberberg*) Umständlichkeit und Detailbesessenheit zu kritisieren und seine faktische Modernität als altmodisch abzuwerten. Die deutsche Kritik konnte kaum sehen, dass seine Beschreibungen eben nicht »realistisch« sind, sondern auf eine »Zertrümmerung« der Realität durch die Beschreibung, in heutiger Terminologie: auf ihre Dekonstruktion hinauslaufen.

Darüber hinaus lässt die oben zitierte Brecht-Strophe das Moment der Konkurrenz hervortreten. Immerhin erschien sie zur Zeit, als Brecht die Begeisterung des Publikums für seine *Dreigroschenoper* (Uraufführung 1928) auskosten konnte, die auch international nicht weniger erfolgreich sein wird als der *Zauberberg*. Schwer zu entscheiden, welches Werk finanziell einträglicher war! (Der Lyriker Gottfried Benn, mit Brecht wie Mann in herzhafter Abneigung verbunden, berechnete 1926 seine Einkünfte als Dichter hingegen auf »4,50 pro Monat«.[46])

Eine zweite, vermutlich tiefer greifende Form von Konkurrenz, die der amerikanische Literaturtheoretiker Harold Bloom *Anxiety of influence*[47] genannt hat, also die Angst vor der Abhängigkeit von literarischen Vorgängern und Vaterfiguren, spielt ebenfalls eine Rolle. Bei gleichaltrigen wie jüngeren Autoren ist diese Furcht vor Thomas Mann stark ausgeprägt (vor Kafka oder Brecht sehr viel weniger). Robert Musil bemüht sich, trotz zahlreicher gemeinsamer Themen und Quellen (z. B. Nietzsche), stets um Distanzierung und schreckt auch vor Sottisen nicht zurück, wenn er Manns Figuren »ohne Genitalia, wie Statuen« sieht. In der nächsten Generation hatte Max Frisch kaum eine Chance zur Distanzierung, da er lebenslang ein ganzes Bündel »mannscher« Themen behandelte: Fragen der personalen Identität, den Gegensatz von Kunst und Leben, Sexualität als »asoziale« Verlockung, und weil er auch ähnliche Techniken (Leitmotiv, Allegorie) verwendet. Anders als seine Wertschätzung des Dramatikers Brecht hat Frisch jedoch die Bedeutung des Erzählers Mann für sein eigenes Werk nicht offen artikuliert, sondern in distanzierten und ironischen Anspielungen versteckt.[48]

Im Exil, besonders in den USA, genoss Mann eine privilegierte Sonderstellung, die ihn aber auch von den meisten anderen Exilanten isolierte. Zum öffentlichen Ruhm kam ein literarischer Aufschwung, weil im Exil die Experimente der Zwanziger Jahre durchweg zurückgenommen wurden (selbst von Brecht) und »historisches« Erzählen eine Konjunktur erlebte, wie man am großartigen Doppelroman *Jugend und Vollendung des Königs Henri Quatre* (1935/1938) von Heinrich Mann und an den routiniert-erfolgreichen Geschichtsromanen von Lion Feuchtwanger (ebenfalls in Los Angeles ansässig) ablesen kann. Hier fügte sich, trotz all seiner Eigenarten, auch der Thomas Mann der *Joseph*-Romane, der *Lotte* und des *Faustus* ein. Nach dem Erfolg von *Joseph, the Provider* in den USA (1944) war Mann finanziell wieder völlig saniert.

Wichtig war diese finanzielle Unabhängigkeit nicht nur aktuell, sondern auch langfristig und literaturpolitisch. Denn nicht nur die Nazis führten ihren Kampf gegen »Asphaltliteratur« und »entartete Kunst«, auch die sowjetische Kunstpolitik unter Stalin ging immer rabiater gegen die moderne, experimentelle Literatur vor, wie Brecht oder ehemalige Expressionisten sie praktiziert hatten. Auf der Kehrseite konnte in der Sowjetunion und bei den deutschen Kommunisten mit dem bürgerlichen Realismus auch Thomas Mann als dessen letzter Repräsentant kanonisiert werden (worum sich vor allem der KP-Literaturtheoretiker Georg Lukács[49] verdient machte). Manns freundliche Äußerungen zum Sozialismus (was immer er damit meinte) seit 1930 waren dabei sicher hilfreich. Damit wurden aber auch schon Weichen für die Position und die Probleme Manns im geteilten Nachkriegsdeutschland gestellt.

In der frühen Bundesrepublik gab es, wie gesagt, sowohl in konservativen Milieus wie auch bei der so genannten Flakhelfergeneration erhebliche Vorbehalte gegen den Exilanten, der so großmütig mit der »Ostzone« umging und sich gleichzeitig weigerte, nach Deutschland zurückzukehren. Die Epochenbilanz des *Doktor Faustus* kam vermutlich zu früh und stand quer zur Richtung des Fühlens, Denkens und Schreibens in den Trümmer- und Aufbaujahren.

Die Nachwuchsautoren der »Gruppe 47« ihrerseits waren, pauschal gesagt, ganz mit sich selbst beschäftigt und mussten sich in einem mühseligen Prozess erst einmal dem technischen Niveau annähern, das der »Zauberer« souverän beherrschte.

Alles in allem fand Thomas Mann erst langsam wieder ein (west)deutsches Lesepublikum, in den 1950er Jahren bezeichnenderweise vor allem über *Buddenbrooks* und scheinbar unproblematische »Nebenwerke« wie *Königliche Hoheit* oder *Felix Krull* und deren enorm populäre Filmversionen. So haben sich also auch Dieter Borsche und Ruth Leuwerik, Nadja Tiller und Hansjörg Felmy, Liselotte Pulver, Hanns Lothar und Horst Buchholz um den Ruhm des »Zauberers« verdient gemacht!

Bis weit in die 1960er Jahre hinein wirkte im übrigen *Der Zauberberg* intensiver als etwa *Doktor Faustus*, weil er dem existentialistischen Gefühl der Sinnsuche in den Nachkriegsjahren entsprach, und weil sein Schluss, der Hans Castorp zum unschuldigen Opfer im »Weltfest des Todes« macht, zumindest an diesem Punkt ähnlich zur Identifikation einlud wie frühe Texte von Wolfgang Borchert oder Heinrich Böll. Im offiziell tonangebenden »geistigen« Milieu der 1950er Jahre, das sich gern aufs »Christliche Abendland« berief und wo die so genannten Inneren Emigranten die Lektürepläne beherrschten, blieb der skeptischdekadente Sohn (oder Enkel) der Aufklärung jedoch ein Fremdling.

Dennoch kam es am Ende der 1950er Jahre zu einer Neukanonisierung Thomas Manns im westdeutschen Literaturbetrieb, der nun wieder den Anschluss an die klassische Moderne gefunden hatte (auch der lang verstorbene Kafka, dessen Schriften im amerikanischen Exil überdauert hatten, wurde in diesem Jahrzehnt wiederentdeckt).

Eindeutig gegen Thomas Mann kehrte sich der Zeitgeist um 1968 (wovon unter anderem sein Bruder Heinrich profitierte). Für die Kritik an der »affirmativen Funktion« bürgerlicher Kultur, für die programmatische Abwendung von der Tradition und die Forderung nach einer »eingreifenden Funktion« der Literatur war er ein prädestiniertes Opfer; die jetzt erst einsetzende breite Rezeption Bertolt Brechts, besonders seiner theoretischen Schriften, wirkte in die gleiche Richtung. Die meist kritischen und oft feindseligen Stimmen, aus denen die von Martin Walser (literarisch in der Kafka-Nachfolge verankert) hervorstach, wurden 1976 in einer interessanten Dokumentationen der Zeitschrift *Text + Kritik*[50] gesammelt. Objektiv gesehen wiesen Erzähler wie Günter Grass und Heinrich Böll aber nicht nur diesen oder jenen Berührungspunkt mit Mann auf, sie folgten vor allem in Wahrnehmung einer kritisch-repräsentativen Autorenrolle seinem Vorbild. Inzwischen ist freilich auch dieses Modell des politisch verantwortlichen Schriftstellers historisch geworden.[51]

In der DDR überlebte die maßgeblich von Georg Lukács formulierte
Kanonisierung des bürgerlichen Humanisten Thomas Mann sogar die
Entmachtung des ungarischen Theoretikers, der 1956 in Ungnade fiel.
Jedenfalls erlaubte sie ostdeutschen Autoren und Autorinnen ein ver-
gleichsweise entspanntes, manchmal parodistisch genutztes Verhältnis
zum bürgerlich-deutschen Modernisten (während die »radikaleren«
Kafka, Joyce, Beckett tabuisiert blieben und allenfalls subversiv wirkten).
Von Seiten der Forschung waren Inge Diersens fundierte und undogma-
tische Studien hilfreich.[52] Bislang kaum beachtet scheint uns Christa
Wolfs Verhältnis zu Thomas Mann. Lektürespuren lassen sich kontinuierlich feststellen: *Nachdenken über Christa T.* (1968) – mit dem Thema
der pubertären Liebe und dem Antagonismus von kreativem Outsider
und Normalbürger – ist nach dem Modell von *Tonio Kröger* strukturiert,
dessen Kenntnis offenbar vorausgesetzt wird. *Kindheitsmuster* (1976)
kommt wiederholt auf *Mario und der Zauberer* zurück, als literarisches
Motiv und als Erklärungsmuster für die Verführbarkeit durch den Faschismus. Das imaginäre Treffen und Gespräch zwischen Kleist und der
Günderode in *Kein Ort. Nirgends* (1979) erinnert in vielem an *Lotte in
Weimar,* formal wie auch als Kommentar zur Lage der Kunst in der
Neuzeit. Die repräsentative Rolle und die Verletzlichkeit des Schriftstel-
lers/der Schriftstellerin in historischen und persönlichen Umbrüchen
markiert zumindest einen weiteren gewichtigen Vergleichspunkt.[53]

Sehr viel intensiver und breiter ist die Rezeption Thomas Manns in
den USA, wo es die frühesten und meisten Übersetzungen (seit *Royal
Highness,* 1916) und die (nach Deutschland) zahlreichsten Rezensionen
seiner Werke gab. Manns intellektueller Realismus, verbunden mit der
philosophischen Suche nach *values,* passte sehr viel besser in die amerikanische als in die britische Kultur. Favorit unter seinen Romanen war
und ist dabei sicher *The Magic Mountain* (1926), auf seine Weise auch
ein internationaler Roman, der in den USA bis heute die eine oder andere Nachahmung findet.[54] Die amerikanische Starkritikerin Susan Sontag und John le Carré, der (britische) Meister des Spionageromans, haben in persönlichen Erinnerungen anschaulich über ihre Begegnungen
mit und ihre Bewunderung für den »Zauberer« gesprochen.[55]

Daneben bilden vor allem die Romane von Saul Bellow, Nobelpreisträger von 1976, einen niveauvollen Anschluss an Manns Werk, der auch
deshalb so eindrucksvoll ist, weil der jüdische Amerikaner und skep-
tische Individualist Bellow sich souverän über den Gegensatz *Franz
Kafka oder Thomas Mann?* hinwegsetzen kann. Den hatte – nach dem
Muster *good guy* Th.M., *bad guy* F.K. – Georg Lukács 1957 nochmals

ausgerufen, und es schien in Europa lange Zeit unmöglich, sich dieser Entscheidung zu entziehen.

Die literaturwissenschaftliche Forschung begann sich zunächst zögernd, dann immer intensiver mit Manns Leben und Werk zu befassen und entwickelte sich allmählich zu einer kleinen Industrie, auch wenn sie – wiederum vergleichsweise – nie die Dimensionen, die Internationalität und die methodische Pluralität der Kafka-Forschung erreichte. Die Verwurzelung des Autors in und die Verflechtung seines Werkes mit der politischen und kulturellen Geschichte Deutschlands hat die Thomas Mann-Forschung doch überwiegend zu einer »deutschen« Angelegenheit gemacht, auch wenn bedeutende, die übliche Sichtweise korrigierende Beiträge von einzelnen Forschern aus dem angelsächsischen oder skandinavischen Bereich kamen. Hier darf man etwa an das frühe Buch *The Ironic German* (1958, deutsch 1959) des amerikanischen Germanisten Erich Heller erinnern, das mit seiner abgewogen vielseitigen Betrachtungsweise Maßstäbe setzte. Nicht immer gelang es der Forschung jedoch so überzeugend, sich der vom Autor selbst formulierten Vorgaben und Selbstdeutungen zu »erwehren«. Debatten über den Gegensatz von Bürger und Künstler, die Funktion der Ironie, den Einfluss von Schopenhauer und Nietzsche, die Technik des Leitmotivs oder die mythologischen Vorbilder für einzelne Figuren usw. haben die germanistische Forschung oft allzu breit beschäftigt und die entstehende Langeweile zu Unrecht auf die Texte selber projiziert.

Aber zweifellos ist auch Wichtiges und Nützliches geschaffen worden. Über mehrere Forschergenerationen hinweg hat sich um das Thomas Mann-Archiv an der Eidgenössischen Technischen Hochschule in Zürich, die Schriftenreihe der *Thomas Mann-Studien* (bisher 40 Bände) und das *Thomas Mann-Jahrbuch* (zuletzt Jahrgang 21/2008) ein Forschungszusammenhang entwickelt, der sich zunächst philologisch um die Erschließung der Materialien aus dem Nachlass mühte und auch Biographie, Entstehungsgeschichte und die Frage der verwendeten Quellen unermüdlich und detailgenau erarbeitet hat. Auf diesem Fundament steht dann auch die schon erwähnte, zur Zeit erscheinende *Große Frankfurter Ausgabe* des Werke Thomas Manns. All dies ist, trotz einer unverkennbaren Tendenz zur innerfachlichen Kartellbildung, zweifellos höchst verdienstvoll.

Vor allem bei Werkinterpretationen bleibt jedoch die im Gegenstand begründete Gefahr der Abhängigkeit von Manns Selbstdeutungen bestehen, die oftmals nur geringfügig korrigiert oder differenziert werden (wie wir durchaus selbstkritisch anmerken möchten). Thomas Mann-

Forscher beiderlei Geschlechts entziffern weithin nur die vom Autor gelegten Fährten und Spuren, sind deshalb auch sehr viel resistenter gegen neue »Methoden« als etwa die Kolleginnen und Kollegen aus der Kafka-Forschung, die – jenseits aller philologischen Probleme – seine Texte gern als Projektionsraum für alle nur denkbaren methodischen Innovationen oder auch Spekulationen nutzen. Neuere methodische Zugänge zu Thomas Mann werden denn auch nur zögernd und meist von Außenseitern des Forschungsbetriebs geltend gemacht: zu nennen wären vor allem die neuere Narratologie (die Mann in den Kontext des internationalen Modernismus stellt), oder die Intertextualitätsforschung (der Sache nach, und *avant la lettre*, schon in Heftrichs *Zauberberg*-Buch von 1975) oder auch, nicht eben verwunderlich, die psychoanalytische Literaturanalyse und die *gender* bzw. *queer studies*.

Nun weiß man aber auch, zum Beispiel aus der Kriminalliteratur, dass die verwischten oder verdeckten Spuren oft zu tieferen Einsichten führen als die offensichtlichen. Das zeigte sich – um ein herausragendes Beispiel zu nennen – als 1995 Michael Maar *Neuigkeiten aus dem Zauberberg* versprach und nicht weniger als einen Schlüssel zum Gesamtwerk lieferte. Den hatte er in den Märchen von Hans Christian Andersen gefunden, die Mann schon früh als Lieblingslektüre genannt hatte (u.a. XIII, 133), worüber die Forschung jedoch siebzig Jahre lang hinweglas. Maar kann nun zeigen, wie diese Märchen von *Tonio Kröger* über den *Zauberberg* bis zum *Doktor Faustus* als »Prätext« benutzt werden, das heißt als ein Phantasie- und Texthintergrund, auf den Mann sich immer wieder in mehr oder weniger verschlüsselten Zitaten, Anspielungen und Umformungen bezieht. Und dies nicht zufällig oder willkürlich, sondern weil er in diesen Märchen und ihren Figuren, besonders in der Kleinen Meerjungfrau mit ihren unerträglichen Schmerzen und dem beschädigten, aber standhaften Zinnsoldaten, *die* Chiffren und Allegorien seiner eigenen Existenzprobleme sah, also des Leidens an der verbotenen Liebe und des Willens, sich dagegen in Lebensführung und Kunstübung zu behaupten. Eine derart genaue und innovative Analyse verschränkt biographische, psychoanalytische und intertextuelle Zugänge zum Text, nimmt die symbolischen Verweise des Autors ernst und befreit sich und uns gerade dadurch vom Zwang seiner ausdrücklichen und rationalen Selbstauslegungen.

Dies könnten wir auch als Ermunterung verstehen, zu den Texten selbst zurückzukehren. Die gelehrte Forschung scheint manchmal in die Forderung einer geradezu grenzenlosen Hintergrundlektüre zu münden, so als könnten nur promovierte Ägyptologen die *Joseph*-Romane und nur Musiktheoretiker den *DoktorFaustus* verstehen. Ganz abgesehen von der Frage, inwieweit damit auch die tatsächliche Gelehrsamkeit des Autors überschätzt wird (die doch immer auch punktuell und eklektisch blieb), würde auf diese Weise auch eine Barriere vor dem Erzählwerk Thomas Manns selber errichtet. Eine gewisse Lehrerfahrung hat die beiden Verfasser dieser Zeilen jedoch ihrerseits gelehrt, dass die Texte des Zauberers nach wie vor, in Europa wie in Amerika, als Privatlektüre oder im vielgeschmähten Literaturstudium, einen enormen und unmittelbaren Reiz auf Leserinnen und Leser ausüben und einzigartige Leseerfahrungen und Denkanstöße bieten können. Diese großartige Chance wird hoffentlich weder die Sekundärliteratur im allgemeinen noch unser Büchlein im besonderen verbauen.

Literatur

Koopmann, Helmut: Forschungsgeschichte, in: Thomas Mann-Handbuch. Hrsg. v. H. K., 3. Aufl. Frankfurt a.M. 2005, S.941-1007.

Ridley, Hugh: The Problematic Bourgeois. Twentieth-Century Criticism on Thomas Mann's »Buddenbrooks« and «The Magic Mountain«, Columbia, SC 1994.

Schröter, Klaus: Thomas Mann im Urteil seiner Zeit. Dokumente 1891-1955, Frankfurt a.M. 1969.

Zander, Peter: Thomas Mann im Kino, Berlin 2005.

Anhang

Anmerkungen

[1] Vgl. etwa schon Rolf Günther Renner: Lebens-Werk. Zum inneren Zusammenhang der Texte von Thomas Mann, München 1985; sodann vor allem Hermann Kurzke: Thomas Mann. Das Leben als Kunstwerk, München 1999.

[2] Die Manns – Ein Jahrhundertroman. 3 Teile, 250 min, Regie: Heinrich Breloer, Buch: Horst Königstein (Arte/ARD, Dezember 2001). – Das Buch zum Film: Heinrich Breloer/Horst Königstein: Die Manns. Ein Jahrhundertroman, Frankfurt/M. 2001. – Vgl. Die Windsors der Deutschen, in: Der Spiegel Nr. 51/2001, S. 174ff.

[3] Vgl. zuletzt Stefan Börnchen/Claudia Liebrand (Hrsg.): Apokrypher Avantgardismus. Thomas Mann und die Klassische Moderne, München 2008.

[4] So Renner: Lebens-Werk, S.11.

[5] So Kurzke: Thomas Mann, S.89.

[6] Vgl. Klaus Harpprecht: Thomas Mann. Eine Biographie, Reinbek 1995, S.1078.

[7] Vgl. die Reaktionen auf die Wahl Thomas Manns, dokumentiert von Bettina Meier: Goethe in Trümmern. Zur Rezeption eines Klassikers in der Nachkriegszeit, Wiesbaden 1989, S. 155ff.

[8] Zu Andersens Einfluss und Bedeutung vgl. unten S. 96.

[9] Vgl. Harpprecht: Thomas Mann, S. 2057.

[10] Heinrich Mann: Ein Zeitalter wird besichtigt (1945), Reinbek 1976, S.151f.

[11] Vgl. Wolf Wucherpfennig: Kindheitskult und Irrationalismus in der Literatur um 1900. Friedrich Huch und seine Zeit, München 1979, S.9ff.

[12] Walter Benjamin: Der Erzähler, in: Gesammelte Schriften II, 2, Frankfurt a.M. 1977, S. 457.

[13] Vgl. Klaus Günther Just: Von der Gründerzeit bis zur Gegenwart. Geschichte der deutschen Literatur seit 1871, Bern/München 1973, S. 194.

[14] Heinrich Mann: Ein Zeitalter wird besichtigt, S. 152.

[15] Abgedruckt in: Jochen Vogt: Thomas Mann: »Buddenbrooks«, 2. Aufl. München 1995, S.139f.

[16] Vgl. Dichter über ihre Dichtungen. Thomas Mann. Hrsg. v. Hans Wysling, Bd. I, München u. Frankfurt a.M. 1975, S.20.

[17] Vgl. Johannes Odendahl: Literarisches Musizieren: Wege des Transfers von Musik in die Literatur bei Thomas Mann, Bielefeld 2008.

[18] Thomas Mann – Heinrich Mann: Briefwechsel 1900-1940. Hrsg. v. Hans Wysling, Frankfurt a.M. 1968, S.118.

[19] Erhard Schütz: »Das Ende muss es lehren, – auch diesmal.« Figurationen medialer Prominenz in Thomas Manns »Königliche Hoheit«, in: Walter Delabar/Bodo Plachta (Hrsg.): Thomas Mann (1875-1955), Berlin 2005, S. 64ff.

[20] Nach Niederschlagung der Räterepublik in München wurde im Sommer 1919 ein Hoch-
verratsprozess gegen Toller angestrengt, in dem die Todesstrafe drohte. Nach Aussagen
von Max Weber, Thomas Mann u.a. wurde Tollers „ehrenhafte Gesinnung" vom Gericht
anerkannt, das ihn zu fünf Jahren Festungshaft verurteilte. Vgl. Richard Dove: Ernst
Toller. Ein Leben in Deutschland, Göttingen 1993, S.111ff., besonders S.115.

[21] Die Anekdote, fast zu gut, um wahr zu sein, bei Kurzke: Thomas Mann, S.363ff.

[22] Vgl. Thomas Sprecher: Davos im Zauberberg. Thomas Manns Roman und sein Schauplatz, München 1996, S. 278ff.

[23] Zum Vergleich von Mann und Döblin vgl. Matthias Uecker: Verhaltenslehren im Chaos der
Stimmen. Modernisierung und Zersetzung des Bildungsroman bei Thomas Mann und
Alfred Döblin. In: Jahrbuch zur Literatur der Weimarer Republik 2 (1996), S. 125-155.

[24] Vgl. Martin Walser: Ironie als höchstes Lebensmittel oder: Lebensmittel der Höchsten,
in: Text + Kritik Sonderband Thomas Mann, München 1976, S. 5-26.

[25] Zum Ausgleich darf auf eine vorzügliche Hörspielbearbeitung des Bayerischen Rund-
funks hingewiesen werden, die auch als Hörbuch verfügbar ist.

[26] Im Entwurf zum Essay »Bruder Hitler«. Vgl. Kurzke: Thomas Mann, S. 451f.,

[27] Vgl. hierzu im Zusammenhang Kurzke: Thomas Mann, S. 529ff.

[28] Zu seiner persönlichen Spielart des Kosmopolitismus vgl. Sigrid Thielking: Weltbür-
gertum. Kosmopolitische Ideen in Literatur und politischer Publizistik seit dem 18.
Jahrhundert, München 2000, besonders S. 189-205 und 278f.

[29] Die folgende Inhaltsskizze übernehmen wir mit geringen Änderungen von H. H. Hen-
schen: Thomas Mann - Joseph und seine Brüder. In: Kindlers Literaturlexikon. Hrsg. v.
Walter Jens, München 1990, Bd.11, S.76f.

[30] Max Horkheimer/Theodor: Dialektik der Aufklärung. Philosophische Fragmente, Amsterdam 1947, S. 22.- Vgl. Wilhelm Worringer: Ägyptische Kunst. Probleme ihrer Wer-
tung, München 1927.

[31] Eckhard Heftrich: Höhere Stimmigkeit. Über Thomas Manns »Geschichten Jaakobs«,
in: Frankfurter Allgemeine Zeitung, 15. 2. 1989, S. 27.

[32] In: Thomas Mann: Notizbücher. Hrsg. v. Hans Wysling, Bd. 2, Frankfurt a.M. 1992, S. 107.

[33] Thomas Mann: Briefe 1889-1936. Hrsg .v. Erika Mann, Frankfurt a.M. 1962, S.430.

[34] Zu den intertextuellen Bezügen insgesamt: Eva Bauer-Lucca: Versteckte Spuren. Eine intertextuelle Annäherung an Thomas Manns Roman «Doktor Faustus«, Wiesbaden 2001.

[35] Vgl. Theodor Wiesengrund-Adorno: Warum ist die neue Kunst so schwer verständlich?
(1931) In: Der Scheinwerfer. Ein Forum der neuen Sachlichkeit 1927-1933. Hrsg. v.
Erhard Schütz u. Jochen Vogt, Essen 1986, S. 216-221.

[36] Aufschlussreiches zur Zusammenarbeit und ihrer späteren Bewertung bei Kurzke:
Thomas Mann, S.504ff.

[37] Zum musikhistorischen Zusammenhang: Marion Bönnighausen. Musik als Utopie. Zu
Hans Henny Jahnns »Die Niederschrift des Gustav Anias Horn« und Thomas Manns
»Doktor Faustus«, Opladen 1997.

[38] Gottfried Benn: Rede auf Stefan George. In: G.B.: Essays und Reden in der Fassung der Erstdrucke, Frankfurt a.M. 1989, S. 479-490, hier S. 488.

[39] Charakteristisch die Rezension des jungen Walter Boehlich, selbst Nazi-Verfolgter, später eine wichtige Figur der linken westdeutschen Intelligenz, im zweiten Heft der Zeitschrift «Merkur«: Thomas Mann: »Doktor Faustus«, in: Merkur H.2 (1948), S.588-603.

[40] Thomas Mann: Briefe 1937-1947. Hrsg. v. Erika Mann, Frankfurt a. M. 1963, S. 557.

[41] Benedikt Jeßing: Der Erzählte. Roman eines Romans, in: Zeitschrift für deutsche Philologie 108 (1989), H.4, S. 575-596.

[42] Vgl. etwa die Zitatpassagen, die seine letzte «große Liebe« im Jahr 1950 betreffen, bei Kurzke: Thomas Mann, S. 566ff.

[43] Ernst von Salomon: Der Fragebogen (1951), Reinbek 2007, S. 201.

[44] Vgl. auch in realhistorischer Perspektive Eda Sagarra: Intertextualität als Zeitkommentar. Theodor Fontane, Gustav Freytag und Thomas Mann: oder Juden und Jesuiten. In: Theodor Fontane und Thomas Mann. Die Vorträge des internationalen Kolloquiums in Lübeck 1997. Hrsg. v. Eckhard Heftrich u.a., Frankfurt a.M. 1998, S.25-48.

[45] Bertolt Brecht: Ballade von der Billigung der Welt. In: B.B.: Gesammelte Werke 9, Frankfurt a.M. 1967, S.472.

[46] Gottfried Benn: Summa summarum. In: G. B.: Prosa und Autobiographie in der Fassung der Erstdrucke, Frankfurt a. M. 1984, S.257.

[47] Harold Bloom: The Anxiety of Influence. A Theory of Poetry, New York 1973.

[48] Barbara Bigge: »...allerlei Sonstiges...« Auf den Spuren des «Zauberberg« von Thomas Mann im Prosawerk Max Frischs, Saarbrücken 2008.

[49] Sein kleines, aber einflussreiches Buch über Thomas Mann erschien 1948 zuerst in Ungarn, 1949 in der soeben gegründeten DDR (jetzt in: G.L.: Deutsche Literatur in zwei Jahrhunderten. Werke Bd. 7, Neuwied 1964).

[50] Vgl. Text + Kritik, Sonderband Thomas Mann, 2. erw. Aufl. 1976, S. 195-237.

[51] Vgl. Jochen Vogt: Orientierungsverlust oder neue Offenheit? Deutsche Literatur in Ost und West vor und nach 1989. In: J.V.: Knapp vorbei. Zur Literatur des letzten Jahrhunderts, München 2004, S.137-156.

[52] Vgl. etwa Inge Diersen: Thomas Mann. Episches Werk, Weltanschauung, Leben, Berlin u. Weimar 1975.

[53] Vgl. Karl Deiritz u. Hannes Krauss (Hrsg.): Der deutsch-deutsche Literaturstreit oder Es spricht sich schlecht mit gebundener Zunge, Hamburg 1991.

[54] Z.B. »America's Magic Mountain« von Curtis White (Urbana-Champaign, Ill. 2004).

[55] Susan Sontag: Pilgrimage, jetzt in: Stephen D. Dowden (Hrsg.): A Companion to Thomas Mann's »The Magic Mountain«, Columbia, SC 1999, S. 221-240; John le Carré: Ein blendender Spion. Roman, Köln 1986, S. 290ff.

Zeittafel zu Leben und Werk

1875   6. 6. Paul Thomas Mann als zweiter Sohn des Kaufmanns Thomas Johann Heinrich Mann (*1840) und seiner Frau Julia, geb. da Silva-Bruhns (*1851) in Lübeck geboren

1877   Wahl des Vaters in den Lübecker Senat

1882   Einschulung in eine Privatschule

1889   Eintritt ins gymnasiale „Katharineum"

1890   Hundertjähriges Jubiläum der Firma Mann

1891   13. 10. Tod des Vaters, Liquidierung der Firma, Umzug der Mutter und der Geschwister nach München

1893   Erste Publikationen in einer Schülerzeitschrift

1894   Schulabgang mit dem sog. Einjährigen-Examen und Umzug nach München; Volontariat bei einer Versicherung; Gasthörer an der Universität

1895ff. Reisen und Aufenthalte in Italien mit dem älteren Bruder Heinrich (*1871); Beginn der Arbeit an *Buddenbrooks*

1898   Erste Buchpublikation im S. Fischer Verlag: *Der kleine Herr Friedemann* (Novellen); Redakteur bei der Zeitschrift „Simplicissimus"

1899   Reise nach Dänemark; Schopenhauer-Lektüre

1900   Militärdienst und vorzeitige Entlassung

1901   *Buddenbrooks* in zwei Bänden

1903   *Tonio Kröger, Tristan* (Novellen); einbändige „Volksausgabe" der *Buddenbrooks*

1905   Heirat mit Katia Pringsheim (*1883); *Tochter Erika

1906   *Sohn Klaus; Essay *Bilse und ich*

1909   *Königliche Hoheit;* *Sohn Golo (Gottfried)

1910   *Tochter Monika

1912   *Der Tod in Venedig*

1913   Beginn der Arbeit am *Zauberberg*

1914   Kauf und Bezug des Hauses in München, Poschingerstraße 1; *Gedanken im Kriege*

1915   Persönliches und politisches Zerwürfnis mit dem Bruder Heinrich; *Friedrich und die große Koalition*

1918   *Betrachtungen eines Unpolitischen;* *Tochter Elisabeth

1919   Ehrendoktorat der Rheinischen Friedrich-Wilhelms-Universität zu Bonn; *Sohn Michael

1922   Versöhnung mit Heinrich; Rede *Von Deutscher Republik*

1923   11.3. Tod der Mutter

1924   *Der Zauberberg;* Reise nach London, Ehrung durch den britischen PEN

1925 Repräsentative Feier des 50. Geburtstags; Beginn der Arbeit an *Joseph und seine Brüder*
1926 Reise nach Paris: *Pariser Journal;* Verleihung des Professorentitels durch den Lübecker Senat: Rede *Lübeck als geistige Lebensform*
1927 Reise nach Warschau zum polnischen PEN
1929 Verleihung des Nobelpreises für Literatur an Thomas Mann unter besonderer Erwähnung der *Buddenbrooks*
1930 Reise nach Ägypten und Palästina; *Die Forderung des Tages* (Essays und Reden)*; Deutsche Ansprache; Mario und der Zauberer*
1932 Festvortrag zum „Goethejahr" in der Preußischen Akademie der Künste: *Goethe als Repräsentant des bürgerlichen Zeitalters*
1933 30.1. Adolf Hitler wird Reichskanzler; 10. 2. Vortrag *Leiden und Größe Richard Wagners* in München; 11.2. Abreise nach Holland: faktischer Beginn des Exils; vorläufige Wohnsitze u.a. in Sanary-sur-Mer, Frankreich, und Küsnacht bei Zürich; *Die Geschichten Jaakobs* im S. Fischer Verlag in Berlin
1934 *Der junge Joseph* (S. Fischer, Berlin); auf Einladung des Verlegers Alfred A. Knopf erste Reise in die USA: *Meerfahrt mit Don Quijote*
1935 Zweite USA-Reise: Ehrendoktorat der Harvard University, Empfang durch Präsident Roosevelt; Arbeit an *Lotte in Weimar*
1936 Festvortrag *Freud und die Zukunft* zum 80. Geburtstag von Sigmund Freud in Wien und Budapest; *Joseph in Ägypten* (Bermann-Fischer Verlag, Wien); Beschlagnahme des deutschen Vermögens der Familie; 19.11. Verleihung der Staatsbürgerschaft der Tschechoslowakischen Republik; 2. 12. Entzug der deutschen Staatsangehörigkeit; 19. 12. Aberkennung des Ehrendoktorats durch die Universität Bonn
1937 *Briefwechsel mit Bonn;* dritte Reise in die USA: Rede *Bekenntnis zum Kampf für die Freiheit*
1938 Vierte Reise nach USA: Vortragstour durch 15 amerikanische Städte: *Vom kommenden Sieg der Demokratie;* Einrichtung der Thomas Mann-Sammlung an der Yale University; Ehrendoktorat der Columbia University in New York 25.9. Endgültige Übersiedlung nach USA; Professur und Ehrendoktorat der Princeton University; vorläufiger Wohnsitz in Princeton, NJ
1939 Sommerferien in Holland; 1.9. Beginn des Zweiten Weltkriegs; *Bruder Hitler; Lotte in Weimar*
1940 Beginn der Radioansprachen *Deutsche Hörer!*
1941 Mit Frau Katia zu Gast im Weißen Haus; Übersiedlung nach Kalifornien: vorläufiger Wohnsitz in Pacific Palisades

1942   Bezug des neuen Hauses: 1550 San Remo Drive, Santa Monica, Cal.

1943   *Joseph der Ernährer* (Bermann-Fischer, Stockholm); Beginn der Arbeit an *Doktor Faustus*

1944   23.6. Verleihung der US-amerikanischen Staatsbürgerschaft; *Joseph, the Provider* zum Book of the Month gewählt

1945   8. 5. Kapitulation des Deutschen Reiches; *Deutschland und die Deutschen; Warum ich nicht nach Deutschland zurückkehre*

1946   Lungenoperation in Chicago

1947   *Doktor Faustus* (Bermann-Fischer, Stockholm)

1949   21. 5. Freitod des Sohnes Klaus; Reise in die Schweiz und nach Deutschland; 25. 7. Verleihung des Goethe-Preises der Stadt Frankfurt in der Paulskirche; Rede in Frankfurt und Weimar: *Ansprache im Goethejahr 1949;* Ehrenbürgerschaft der Stadt Weimar; *Die Entstehung des Doktor Faustus*

1950   12. 3. Tod Heinrich Manns in Santa Monica

1951   *Der Erwählte;* Wiederaufnahme des *Felix Krull*-Projekts; Ehrendoktorat der Cambridge University

1952   Rückkehr nach Europa; Wohnsitz in Erlenbach bei Zürich

1953   *Die Betrogene*

1954   Hauskauf und Umsiedlung: Alte Landstraße 39, Kilchberg am Zürichsee; *Bekenntnisse des Hochstaplers Felix Krull*

1955   Ehrenbürger der Stadt Lübeck; Rede bei den Schillerfeiern in Stuttgart und Weimar: *Versuch über Schiller;* Ehrendoktorat der Friedrich Schiller-Universität Jena; 4. 6. Repräsentative Feiern und vielfältige Ehrungen zum 80. Geburtstag; Ferienaufenthalt in Nordwijk, Erkrankung und Transport ins Zürcher Kantonsspital, Tod am Abend des 12.8.; Beisetzung auf dem Friedhof in Kilchberg

Namen- und Titelregister